UNE AVENTURE NOMMÉE FEDERER

Éditions du Rocher
28, rue Comte Félix Gastaldi - BP 521 - 98015 Monaco

www.editionsdurocher.fr

ISBN : 978-2-268-09997-2

Thomas Sotto

UNE AVENTURE NOMMÉE FEDERER

éditions du
ROCHER

« *Rien de grand ne s'est accompli dans le monde sans passion* », Hegel.

« *Parfois vous êtes juste heureux de jouer* », Roger Federer.

Préambule

Roger Federer est une énigme à plusieurs inconnues. Rarement champion ne nous aura paru aussi familier. Pourtant nous n'en savons rien (ou presque). Parce qu'il ne dit rien (ou presque). Mais l'homme qui se cache derrière ce garçon à la tête de bon copain, est beaucoup plus complexe qu'il n'y paraît. Bien loin de cette image de « premier de la classe, à la chambre bien rangée » qu'on pourrait facilement lui coller. Cela le rend, sans doute, encore plus attachant (je vous en laisse juges…)

Cette *Aventure nommée Federer* n'est pas la première biographie qui lui est consacrée. D'ailleurs, elle n'en est pas tout à fait une. Fan de la première heure, j'ai voulu vous raconter Roger comme un puzzle. Un puzzle dont chaque pièce est apportée par ceux qui l'ont connu jeune, ceux qui le côtoient aujourd'hui, ceux contre qui il a joué ou plus simplement ceux qui l'admirent. Qu'ils soient célèbres ou gagnent à le devenir.

Voici donc mon, votre, notre Roger Federer. Celui que tous ou presque définissent d'abord comme « le plus grand joueur de tennis de tous les temps ». Une vision plurielle, gourmande. Et forcément subjective.

Introduction

Lundi 17 juillet 2017, 7 heures. J'ouvre l'œil. Je sais que la journée ne sera pas bonne. Dans deux heures à peine, je suis attendu à la radio, sur les lieux de mon « futur ex-job ». Convoqué à un « entretien préalable à licenciement ». Dans la vraie vie, on appelle cela : « Se faire virer ».

En sortant du bâtiment, pour la dernière fois, je suis un peu sonné, traversé par des courants émotionnels contradictoires. Je veux d'abord me souvenir de belles choses. Des moments de plaisirs, tellement nombreux. De tous ces matins rendus plus ou moins douloureux par l'actualité.

L'aventure aura duré quatre ans. Une sorte d'« olympiade radiophonique », durant laquelle je me suis souvent imaginé dans la peau du sportif de haut niveau que je n'ai jamais été. Je m'imposais une hygiène de vie rigoureuse. Certes, mes nuits et mes jours n'auront pas été ponctués d'entraînements. Mais de sonneries de réveils. Deux heures trente, la nuit, pour y aller. Quatorze heures, après la sieste, pour retourner au bureau, préparer la matinale du jour d'après, autrement dit du « match » du lendemain.

La porte se referme derrière moi. Je parcours mécaniquement les quelques mètres qui me séparent du « Café

Mode », petit établissement chaleureux où j'ai mes habitudes. Plongé dans un épais brouillard intérieur, le soleil n'a nulle prise sur moi. C'est à cet instant précis que mon téléphone vibre, me reconnectant sans ménagement au monde réel. Quelques mots, vite lus, s'imposent à moi : « Mon cher Thomas Sotto, je suis éditeur et me permets de vous envoyer ce message sur la recommandation d'une amie commune. Discutant avec elle de l'idée d'éditer un portrait biographique de ce génie qu'est Roger Federer, elle m'a immédiatement parlé de vous et de votre passion pour lui. Et très naturellement, il m'est apparu que personne mieux que vous ne pourrait porter un tel livre. Qu'en pensez-vous ? »

« Ce génie qu'est Roger Federer » écrit cet inconnu. Le charme vient – encore – d'agir. En quelques secondes, –à peine le temps d'une fulgurance tennistique,– « Roger » vient de frapper. Oublié, le rendez-vous chagrin. Ma réponse fuse, dans la même minute, par retour de texto : « J'adore ! ». Me voici donc embarqué dans cette singulière et mystérieuse *Aventure nommée Federer*…

« Rodgeur » !

« Roger ». Comment ne pas s'interroger sur ce prénom. Quelle idée, quand même ! Quel anachronisme ! On le prêterait volontiers à un personnage tout de blanc vêtu, le cheveu gominé, la moustache tirée au cordeau, fixant les objectifs et brandissant fièrement un trophée arraché de haute lutte à Jean Borotra, en 1928. Était-ce à Roland-Garros ? Venait-il d'arracher « le championnat d'Australie », comme on disait à l'époque, à ce mousquetaire désarmé ? Forcément, la mémoire nous fait un peu défaut. Tout cela est tellement loin...

Mais non, ce Roger-là est bel et bien un enfant de la balle des années 1980. À force de l'entendre parler un français impeccable, on en oublierait presque qu'il ne vient pas d'ici. Phonétiquement, c'est d'ailleurs ce qui le sauve. Car l'idole, dans les bouches et dans les cœurs, s'appelle en fait *Rodgeur*. À l'anglaise. Il faut remonter à ses racines pour le comprendre. Nous sommes au milieu des années 1970. Robert Federer, originaire de Saint-Gaal en Suisse, travaille alors pour une grande entreprise pharmaceutique de Bâle. Son employeur lui offre alors la possibilité de s'expatrier pour quelques temps en Afrique du Sud. Proposition acceptée. Robert ne le sait pas encore mais ce choix professionnel va peser sur l'histoire du tennis. Arrivé à Johannesburg, il rencontre Lynette. Un début d'histoire d'amour qui aurait pu être sans lendemain, Robert devant rentrer au pays. Mais très épris de sa belle sud-Africaine, il reviendra la chercher. De leur union vont naître deux enfants. Une petite fille, d'abord : Diana. Et puis un garçon, Roger donc, vingt mois plus tard, le 8 août 1981, à Bâle.

Lynette choisit naturellement le prénom dans la prononciation de sa langue natale. *Roger* ou *Rodgeur*, le sujet a longtemps titillé le joueur. Lors de ses premières compétitions, il ne supporte pas que l'on prononce son prénom « à la française ». Un sujet sur lequel il a eu l'occasion de s'expliquer, au début des années 2000, dans les pages de *Tennis Magazine*. Et visiblement, à ce moment-là, cette histoire de prononciation avait le don de l'agacer : « J'ai expliqué mille fois à la presse que c'était *Rodgeur*. Si les gens ne le comprennent pas, je n'y peux rien. Je ne vais pas perdre mon énergie avec ça ». Depuis, à en croire les « Rodgeur » qui montent des tribunes, la leçon a été bien retenue…

Mais tout n'est pas seulement question de sonorité. Derrière cette prononciation à l'anglo-saxonne se trouve un attachement viscéral du Suisse à sa patrie maternelle. L'Afrique du Sud, il l'aime pour sa beauté, son ambiance, son charme, ses odeurs. Tout semble donc lui plaire, là-bas, et le rapprocher des racines de Lynette. De sa famille aujourd'hui presque entièrement disparue. L'évocation de ses ancêtres sud-africains fait apparaître dans le regard du joueur une lueur de nostalgie affirment ceux qui le connaissent bien : « Mon cœur est lié à l'Afrique du Sud », dit fréquemment celui que l'on surnomme parfois « grand frère Roger » là-bas. Reste le roc de Roger : ses parents. Un modèle d'union stable et fidèle. Elle est prof. Lui, un petit entrepreneur. « Il y a de l'amour dans cette famille » résume très simplement son ami Mansour Barhami. Mais n'allez pas chercher Lynette et Robert côte à côte dans le box des joueurs, lors des grands tournois. Ils évitent de s'asseoir l'un à côté de l'autre. Façon de combattre leur stress (ou tout au moins de ne pas se le communiquer).

De Robert, Roger a hérité une certaine capacité à être heureux, une sorte d'aptitude au bonheur : « il est comme Roger : c'est un homme toujours joyeux, qui a toujours le sourire. Un homme heureux » me confie l'ancien champion Fabrice Santoro. Nous en reparlerons plus tard, à l'occasion d'une des (rares) confidences de son épouse, Mirka. Quant à Lynette, elle est, paraît-il, une fan très engagée. Et elle le manifeste particulièrement quand elle regarde son fiston jouer à la télé. « Un ace Rodgeur ! un ace ! » lâche-t-elle à chaque fois ou presque qu'il est au service. Comme une incantation. En enfant obéissant, il n'est pas rare que son fils s'exécute.

Le ramasseur de « Bâle »

Si aujourd'hui tout paraît facile pour Roger, la route a été longue – et parfois accidentée – entre le premier coup de raquette, à 4 ans (l'histoire ne dit pas si la balle était déjà dans le court...), les années de tennis-étude et sa collection inégalée de titres du Grand Chelem.

Très tôt, le petit Roger développe un goût prononcé pour... le foot! À huit ans, il porte déjà le maillot du FC Bâle. À l'école, ses premiers résultats sont moins brillants. Pourtant, ses parents font tout pour l'aider. Robert se charge des cours de soutien en mathématiques. Lynette, elle, se concentre sur les langues. À l'exception du français, qu'elle ne parle pas. Un travail qui permet d'aiguiser l'oreille de son fils. Et qui explique sans doute en partie pourquoi il est capable aujourd'hui de commencer une phrase en allemand, de la poursuivre en anglais pour la finir en français...

Mais très vite, sa discipline préférée va devenir le tennis. C'est dans cette « matière » seule qu'il ambitionne de devenir le premier de sa classe. Et, de fait, les résultats ne tardent pas à venir. À 11 ans, il figure déjà parmi les trois meilleurs juniors de la Confédération. C'est à cette époque-là que Mansour Bahrami le « croise » sur un court pour la première fois. « C'est lui qui me l'a raconté, des années plus tard » se souvient le joueur à moustache iranien. « C'était en 1992. Je devais jouer contre Jimmy Connors au tournoi de Bâle. Pour amuser le public, nous avions fait quelques échanges avec un ramasseur. Ce gamin, appliqué, c'était Roger! Bien sûr, je ne m'en rappelais plus. Mais lui a toujours gardé la photo de ce moment. Qu'il m'a offerte d'ailleurs ». Mansour était alors une des idoles de Roger : « Un jour mon fils regardait une émission de sport à la télé française. L'émission tirait le portrait du jeune Suisse, déjà bel espoir de ce sport. "Papa, regarde! il a ton *poster* sur le mur de sa chambre" s'est exclamé mon fils. J'avoue en avoir été assez fier ».

Au Panthéon du jeune Federer figurent aussi Boris Becker, Stefan Edberg, Pete Sampras, et Bjorn Borg. Icônes intouchables : « Ils étaient les mecs que je voyais à la télé. Et puis un jour j'ai joué face aux mecs de la télé. Et puis tout d'un coup, c'est toi qui deviens le mec de la télé... » s'émerveillait-il, lors de l'interview qu'il m'a accordée pour Europe 1. Quand il en parle, Roger Federer a les yeux qui brillent encore, comme l'enfant qu'il était. Comme s'il ne réalisait pas qu'il a, depuis longtemps, dépassé toutes ses idoles.

« Je crois qu'il avait 14 ou 15 ans quand j'ai connu Rog' » se remémore Marc Rosset. Sacré parcours et sacré tempérament pour cet « autre Suisse », champion olympique en simple lors des Jeux Olympiques de Barcelone, en 1992. Voilà bien un des rares titres qui échappent encore à son cadet! Rosset s'est même offert le luxe de battre son compatriote lors de la finale de l'Open 13 de Marseille. Mais c'était en 2000. Federer n'était pas encore tout à fait Federer.

14 ans, c'est l'âge auquel le jeune Roger devient champion de Suisse junior. Il intègre alors le Centre de tennis national suisse à Écublens. L'établissement

est alors dirigé par deux « coaches » et anciens joueurs français : Georges Deniau et Christophe Freyss. Loin de Bâle. Loin des siens. Roger est logé dans une famille d'accueil, les « Christinet ». Il y posera ses valises à partir de 1996, pour environ deux années. Cornélia et Jean-François, les parents, vivent dans une villa de cette ville de la banlieue de Lausanne avec leurs trois enfants, Vanessa, Nicolas et Vincent.

« Au début, notamment, il était discret, un peu timide, un peu passe-partout » se rappelle Vanessa, la grande sœur de la famille, de six ans son aînée. « Il était très proche de mon petit frère Vincent. Parce qu'ils avaient le même âge. Les deux garçons rigolaient beaucoup. Mais en restant toujours à peu près raisonnables. Ils n'ont jamais fait de vraies bêtises. En revanche, ils passaient des heures devant la télé ou à jouer l'un contre l'autre au ping-pong ». Elle se souvient aussi, dans un sourire, de cet adolescent pas vraiment matinal : « Roger était un peu désorganisé. Et presque tout le temps en retard. Il faut dire qu'il se réveillait toujours à la bourre ! Et on le voyait partir en trombe ». Roger n'était clairement pas un ado qui posait problème : « Sauf pour la nourriture ! Parce qu'alors là, oui, il était franchement difficile... » Ce que confirme Cornélia, la maman de Vanessa – et cuisinière de la maison : « À part les petites saucisses, il n'aimait pas vraiment la viande. Et de toute façon, il se nourrissait essentiellement de... *corn-flakes* ! Il en mangeait tout le temps. Il se faisait un bol. Remontait dans sa chambre. Puis on le voyait redescendre une heure après pour se servir un autre bol ». Pas vraiment encore le régime alimentaire d'un sportif de haut niveau…

Chaleureux, bienveillants, attentionnés : les Christinet ne sont pas loin d'être ce qui se fait de mieux en matière de « famille d'accueil ». Pourtant, le quotidien n'est pas simple pour Roger à Écublens. Il s'y ennuie un peu. Et puis la région est francophone. Quand il débarque en Suisse romande, le Suisse allemand ne parle pas encore le français. La barrière de la langue ne facilite donc pas les choses. Mais il va rapidement s'affranchir de ce handicap. « Il a appris très vite, c'est vrai. Et surtout, il parlait sans complexe, sans s'embarrasser avec la grammaire » raconte Cornélia. Durant toute la durée de son séjour, cette femme s'occupera de lui comme s'il était son quatrième enfant. De quoi adoucir le quotidien. Mais pas de combler tout à fait son manque affectif. Roger est loin de chez lui. Malgré des appels réguliers, il se languit de ses parents. Robert et Lynette savent encourager leur fils mais sans jamais aller trop loin, gardant toujours la bonne distance. « Ils l'ont toujours soutenu, mais en étant très *cool*, sans jamais lui mettre de pression, sans le pousser. On sentait bien qu'ils ne cherchaient pas à vivre un truc par procuration, “à travers” leur enfant » glisse Vanessa. Sa mère, Cornélia abonde : « le papa et la maman de Roger m'ont beaucoup appris sur la manière d'élever les enfants. Ils n'étaient pas toujours derrière lui à le contrôler ou à se faire du souci. Ils le laissaient être vraiment lui-même ».

L'ambiance n'est pas vraiment la même au centre de tennis d'Écublens. Où visiblement certains entraîneurs ont parfois eu du mal à « comprendre » ce gamin. « Ils ont peut-être essayé de l'enfermer dans un cadre, très strict. Mais Roger n'est pas un garçon que l'on peut mettre dans un moule. Il est lui-même », plaide Cornélia. Pour ne rien arranger, certains de ses jeunes camarades de raquette le moquent. Roger et son mauvais français. Roger et sa diction lente. Roger et sa voix un peu nasillarde...

Plutôt discret en dehors, c'est – déjà – sur les courts qu'il va se faire remarquer. Mais pas forcément de la meilleure manière. « On m'avait parlé de ce jeune joueur prometteur. J'ai donc eu envie de le faire venir s'entraîner une fois avec moi. Pour voir. Le moins que l'on puisse dire est qu'il était assez... détendu » sourit encore Rosset. « Je m'attendais à voir un mec nerveux. Un gars qui aurait été à 4 000 %, comme j'ai pu l'être, moi-même, à l'époque où Henri Leconte me proposait, parfois, d'être son partenaire d'entraînement. Mais non, pas du tout ! Rog' était franchement nonchalant. Et j'avoue que ça m'a fait marrer ».

« C'est vrai, à l'époque, je n'aimais pas m'entraîner » reconnaîtra le champion dans une interview accordée en 2001 à *Tennis Magazine*. Christopher Freyss se souvient d'un garçon très drôle, très attachant. Mais aussi de leurs prises de bec régulières : « Le point de départ, c'était sa frustration liée au jeu : il faisait beaucoup de fautes et ne le supportait pas. Mais il fallait aussi toujours le ramener à la concentration. Il était incapable de rester appliqué plus de cinq ou dix minutes. Il fallait lui dire de ne pas trop bouger, d'être attentif. Il fallait toujours qu'il s'amuse ». Freyss sent « la pépite », le potentiel hors du commun. Alors il ne le lâche pas : « Il ne fallait pas qu'il devienne son meilleur ennemi ». « Il était très dur avec moi parce qu'à l'époque j'étais très fainéant » reconnaît volontiers Federer. « Alors oui, il m'engueulait souvent. Moi je pétais les plombs et il me renvoyait dans les douches. À l'époque, je ne savais pas ce que voulait dire le mot "discipline". J'avais besoin d'être remis à ma place ».

C'est à cette même période que Roger croise, pour la première fois, Patrick Labazuy. La rencontre se fait dans les coulisses des tournois réservés aux jeunes prodiges du tennis. Le Français est alors entraîneur fédéral. Roger, lui, pas encore vraiment impressionnant : « On avait détecté qu'il avait un talent énorme, une main exceptionnelle mais il gagnait peu. Au tournoi des Petits As, il a fait un 1/8e de finale. À Annecy, il a terminé 31e sur 32 ». Tout au long de sa carrière, Labazuy a couvé de nombreux champions : Jo-Wilfried Tsonga, Gilles Simon ou Virginie Razzano. « L'année durant laquelle je me suis occupé de Virginie, lorsqu'elle est devenue championne du monde junior, j'ai beaucoup côtoyé Roger, Olivier Rocchus et Michaël Llodra. Roger s'entraînait souvent avec Virginie. Il venait vers nous, il adorait la compagnie des Français. Et il s'entendait particulièrement bien avec Michaël ». À cette époque, c'était aussi sans doute une façon pour lui de lutter contre une forme d'isolement. « Vous savez, c'est un âge où les agents tournent beaucoup autour des jeunes. Ils cherchent à se les accaparer. Tout ça est assez déstabilisant ». Labazuy décrit alors un jeune homme un peu complexé : « Oui, Roger a eu une période ingrate, il était assez timide. Ce n'était pas simple avec les filles. Il n'avait pas beaucoup de fiancées alors que d'autres les enchaînaient. » C'est donc par le tennis que le Suisse va commencer à s'exprimer vraiment et à prendre davantage confiance en lui.

Reste un mystère auquel Patrick Labazuy n'a jamais réussi à trouver d'explication rationnelle : « Autour de ses dix-sept ans, Federer s'est transformé. En six mois, ce n'était plus le même ! je ne l'ai plus reconnu. D'un coup il est devenu ponctuel, régulier, très investi ». Le dilettante avait disparu. « J'ai formé beaucoup de champions, mais je n'ai jamais vu une transformation aussi rapide et drastique » s'étonne-t-il encore, vingt ans plus tard.

Un homme pense détenir la clé de ce « mystère ». Il s'appelle Paul Dorochenko. Après avoir travaillé aux côtés de l'ancien numéro six mondial, l'espagnol Sergi Bruguera, on propose à ce préparateur physique de venir s'occuper « d'un gamin de dix-sept ans qui ne joue pas mal ». Un certain Federer, donc. Bruguera pense alors mettre fin à sa carrière. Dorochenko décide de « tenter le coup ». Il quitte sa maison de Biarritz pour s'installer à Bienne. Bienne, c'est le siège de « Swiss tennis ». L'étape « d'après » Écublens pour les cadors du tennis helvétique.

L'aventure commence donc en 1998. Elle va durer trois ans et demi. Elle sera parfois tempétueuse. « Je me souviens de notre première rencontre. Il disait toujours : "j'ai un gros nez mais quand je serai numéro un mondial, les gens ne le verront plus". Cette façon de se projeter, ce toupet d'affirmer qu'il serait le prochain taulier, m'a énervé d'emblée ». Paul Dorochenko décrit un Roger « hyperactif » et compliqué à gérer dans un groupe : « C'était une locomotive, oui. Mais il mettait aussi le bazar. Un jour il venait à l'heure, un jour il ne venait pas. Combien de fois ai-je dû aller le chercher à son appartement ! Il m'a usé ». D'autant que Roger, aussi surprenant que cela puisse paraître, est un sacré colérique. Ce qui mérite des explications… et le chapitre qui suit !

Reste un gamin attachant par-dessus tout. « Quand je me souviens du petit Roger qui avait treize ans à la maison, je n'arrive pas à réaliser que c'est la même personne malgré tout. J'ai vraiment de l'affection pour ce "p'tit gars" que j'ai connu jeune. Il a toujours ce côté simple, ce côté spontané, ce côté sympa qu'il avait déjà quand il était petit. Moi je dis chapeau ! » lâche Vanessa Christinet, surprise d'en être encore émue. « On est très fiers de lui » chuchote, tout en pudeur, Cornélia. La « maman d'accueil » qui, paraît-il, est toujours stressée quand elle le regarde jouer. Et qui préfère éteindre sa télé plutôt que de prendre le risque de le voir perdre. Toute ressemblance avec Lynette semblera tout à fait fortuite…

Un caractère de champion... ou de cochon ?

Mais venons-en, donc, au caractère méconnu de celui qui incarne, mieux que quiconque aujourd'hui, « le gendre idéal ». Tout le monde se rappelle des colères légendaires de John McEnroe. Mais qui imagine pareille furie chez Roger Federer ? Et pourtant... Peu s'en souviennent tant l'image de l'icône s'est lissée au fil des ans. Pourtant le jeune adulte Federer ressemblait fort peu au *gentleman* que l'on connaît. La légende d'aujourd'hui a effacé les quelques errements d'hier.

Paul Dorochenko a eu bien du mal à « cadrer » le jeune Roger. L'entraîneur se souvient avoir dû « punir » son poulain plus qu'à son tour : « Un jour, on venait d'installer des bâches publicitaires toutes neuves autour des courts du centre d'entraînement. Roger a balancé sa raquette et fait un trou d'un bon mètre carré dans l'une des bâches ». Action, punition : voilà notre Roger « condamné » à se lever à l'aube pour venir passer sur le court la machine qui servait à ramasser les peluches de balles restées accrochées au revêtement synthétique : « Il fallait le voir avec ses gants, son écharpe et son bonnet à six heures du matin par deux ou trois degrés. Je sais que ça le gavait mais il n'était pas arrogant », sourit encore celui qui raconte qu'à l'époque, il était le seul à oser envoyer promener la petite *star* en devenir : « J'avais déjà une solide carte de visite, ayant travaillé auparavant avec douze joueurs classés dans le top dix mondial. Donc je ne me laissais pas impressionner ».

La bâche de Bienne n'a pas été la seule à avoir fait les frais des coups de sang du joueur. À ses débuts, Federer est un joueur colérique et ultra-sanguin. Jamais agressif avec ses adversaires, mais enragé de voir que la balle ne va pas toujours se loger là où il le souhaiterait. « L'échec était insupportable pour lui. C'était exacerbé. Ses accès de colère naissaient toujours de son insatisfaction » analyse Christophe Freyss. Une frustration qu'il traduit beaucoup trop souvent en fracassant ses raquettes de rage. « À un moment, ça devenait tellement problématique que son père l'a menacé de l'interdire de jouer ! », raconte Mansour Bahrami. Paul Dorochenko décide, lui, de mettre le joueur entre les mains d'un psychologue du sport. Pour l'aider à se canaliser un peu. « Et puis il y a eu Mirka, sa femme. Qui l'a cadré et a créé une bulle autour de lui ».

Au-delà du sentiment amoureux, il y a incontestablement dans la construction de l'homme qu'est devenu Federer, un « avant » et un « après » Mirka. L'arrivée des sponsors – et les intérêts financiers qui viennent avec – ont aussi pu changer quelque peu la donne. Le contraignant, peut-être, à se contrôler un peu plus. Quand on représente Nike, il convient de se conduire en *gentleman*. Argument avancé par certains. Mais réfuté d'un bloc par Régis Brunet. « Ça n'a pas joué du tout », jure celui qui fut son premier agent, de sa préadolescence à ses vingt ans. Brunet travaillait alors pour IMG McCormack. Une énorme structure qui, à l'époque veillait sur les intérêts des géants des courts qu'étaient Pete Sampras, Andre Agassi ou Jim Courier. « En 1994, on m'avait envoyé observer un tournoi réservé aux moins de quatorze ans, organisé à

Miami. Au départ, c'était pour suivre un jeune Belge. Mais un ami m'avait tout de même fortement suggéré de jeter un œil à ce Suisse réputé ingérable ». Régis Brunet se souvient encore parfaitement de la scène : « Je l'ai regardé jouer deux minutes. Et je me suis rué sur la première cabine téléphonique pour tenter de joindre ses parents. C'est bien simple : je n'avais jamais vu un talent pareil ». Le caractère de cochon de l'adolescent sur le court ne perturbe en rien l'agent : « S'il pétait les plombs, c'est parce qu'il avait horreur de perdre. Et ça c'est un point essentiel dans une carrière de joueur. Il y en avait assez des Bisounours! ». Régis Brunet parvient à convaincre Nike de faire signer au tout jeune homme un premier contrat fort alléchant : « C'était autour de cinq cent mille dollars sur cinq ans, le tout assorti de jolis bonus s'il réussissait à percer ». Ce qui ne tardera pas à arriver, puisqu'à 17 ans, Federer remportera le titre de champion du monde junior : « Il ne faut pas se méprendre : si Roger s'est calmé c'est parce qu'il est intelligent. Il a vite compris qu'il pouvait faire une grosse carrière. Et qu'il ne devait donc plus s'énerver à tort et à travers ».

Une sagesse raisonnée qui n'empêchera pas d'occasionnelles rechutes. La dernière fois, c'était en 2009. Malmené par le Serbe Novak Djokovic en demi-finale du tournoi de Miami, Roger rate un coup « facile ». De rage, il fracasse sa raquette au sol. Fait très inhabituel pour lui, il recueille quelques sifflets du public. « Elle était belle, celle-là », s'amuse-t-il aujourd'hui. Avant de confier, en souriant : « Oui, j'ai dû me battre avec mes démons. Mais comme à l'époque je n'avais pas encore mon gros contrat avec Wilson pour les raquettes, je les lançais plutôt dans le grillage ou dans le filet. Comme ça je ne les cassais pas ».

Arnaud Clément aurait bien pu voir quelques raquettes voler, lui aussi. L'ancien capitaine de l'équipe de France de Coupe Davis reste l'un des très rares joueurs français à avoir fait chuter Federer dans des tournois du Grand Chelem. Deux années de suite, en 2000 puis en 2001, il sortira le Suisse dès le troisième tour de l'Open d'Australie. Une performance qu'il raconte avec l'humilité qui le caractérise : « C'était un gamin de 18-19 ans qui avait beaucoup de mal à se maîtriser sur les courts. Il parlait beaucoup. Il y avait des imperfections dans son jeu qui le frustraient. Moi j'essayais de l'énerver, de lui faire péter les plombs, de le faire sortir de sa concentration avec mon jeu de métronome ». L'ancien finaliste à Melbourne relativise toutefois sa performance : « Ce n'était pas encore "Federer" à l'époque. C'était un joueur prometteur mais dans ces matchs-là, c'était moi le favori. Lui n'avait pas cette stabilité dans son jeu qui lui permettra de nous marcher dessus par la suite ». Facteur « aggravant » pour Federer : le vent qui soufflait sur le court « et qui l'avait mis un peu sur ses nerfs… » sourit Clément.

« La plupart du temps, la colère va te faire perdre. Elle te détruit » constate Mansour Bahrami. Et il suffit d'avoir regardé McEnroe péter les plombs – et passer à côté de matches qu'il aurait dû gagner – pour s'en persuader. Et ça, Federer a eu l'intelligence de le comprendre. Troquant ses accès d'humeur par cette espèce de « poker face ». « Sur le terrain, c'est vrai que j'ai l'air concentré, zen. C'est par respect vis-à-vis du jeu, de mon adversaire, et pour le côté "*poker face*" : je ne veux pas trop montrer où j'en suis mentalement. Mentalement, justement, il faut avoir la rage et le feu pour pouvoir gagner » me confiera-t-il en marge de son interview sur Europe 1.

Visage fermé, impassible. Bien malin celui qui arrive désormais à spéculer sur ses humeurs, ses doutes, ses douleurs ou ses peurs pendant une rencontre. Il en redira quelques mots en avril 2017, à l'occasion d'une interview accordée à l'édition américaine du magazine *GQ* : « Jeter mes raquettes, hurler, tout ça, je faisais ça tout le temps quand j'étais petit. Mais dans ces moments-là, quand tu agis ainsi, tu donnes un avantage à ton adversaire. Donc à un moment donné, tu travailles ton comportement. Rafa [Nadal] a ses rituels. Stan [Wawrinka] a son regard. Moi j'ai le mien. Et cela devient un bouclier ».

Un comportement – et une transformation – que décrit parfaitement Fabrice Santoro. « Il donne l'impression d'être en maîtrise totale sur le terrain. Rien ne se lit sur sa figure. Il est élégant. Il est bien coiffé. Il gère ses émotions. Il a parfois un côté robotique dans la victoire ». Santoro qui s'empresse d'amender son propos : « Attention, Rog', c'est tout sauf un robot. Son envie de tout gagner le ronge. Il suffit pour s'en apercevoir de l'observer quand il vient de remporter une grande victoire ».

Car dans ces moments – comme lors de ses dernières victoires à Wimbledon ou à l'Open d'Australie –, le Suisse ne retient ni son émotion ni ses larmes. « Jusqu'à la balle de match, le mec est de marbre. Et puis au moment de la remise du trophée, il pleure comme un enfant. Ce n'est pas un sanglot d'émotion mais ce sont de vraies grosses larmes » constate Santoro. Et c'est un des paradoxes de Federer : malgré son expérience, en dépit de son palmarès incomparable, ce garçon vit sous une pression permanente. Il la gère sans doute mieux que quiconque. Mais elle n'en demeure pas moins omniprésente.

Cette pression, il tente de la repousser comme il le peut. Par exemple en restant au lit « jusqu'à presque midi » le jour de la finale de l'Open d'Australie, en janvier 2018. C'est incontestablement aussi dans ces moments clés, où l'émotion le submerge, que l'on devine une face méconnue de son tempérament, de son caractère. Et une certaine forme de fragilité.

Réglé comme une horloge... et doux comme un agneau ?

« Aujourd'hui, seul le fait d'être en retard quelque part peut m'énerver ». Lorsqu'il se confie ainsi à *GQ*, en 2017, Roger fait évidemment un clin d'œil amusé à ses errements passés. Comme s'il tenait de ses origines suisses un gène de précision. Pourtant, une telle affirmation n'est pas rigoureusement conforme à la réalité.

Ainsi en 2017, justement, Roger Federer a sans doute donné l'impression de renouer avec ses vieux démons. De se montrer parfois nerveux pendant ses matches. Accompagnant ses agacements de gestes de mauvaise humeur qu'il ne s'autorisait plus depuis longtemps. « Il ne faut pas se méprendre : Roger a un putain *sic* de tempérament » explique Fabrice Santoro. Et le Français de préciser en se disant « très impressionné » par cette capacité que le champion aura eue de tout contrôler « sur » et « en dehors » du court pendant plus de vingt ans. « Quand on est sollicité 365 jours par an, du matin au soir, avec la presse, le public, les réseaux sociaux, les photos, tout ce qui peut mettre en difficulté une personnalité publique et qui n'existaient pas il y a quelques années, on peut vite faire un faux pas. Lui n'en n'a fait aucun. Jamais. C'est un truc de dingue ». C'est aussi la raison pour laquelle il serait parfaitement injuste de réduire le caractère de Roger Federer à ces quelques emportements. Il faut ici rappeler que tout au long de sa carrière, le Suisse se sera surtout fait remarquer pour son *fair-play*. Capable de remettre une balle de match qu'il vient pourtant de remporter en cas de doute de son adversaire.

Gare également à ne pas retenir de lui que le côté « sérieux », « appliqué », « concentré » qu'il montre désormais sur le court. « Je prends beaucoup de plaisir en dehors. Je fais beaucoup de gags. Je sens que je suis toujours resté très jeune dans ma tête ». Avant d'entrer sur le terrain, ses adversaires, le plus souvent, s'isolent. Ils se torturent le cerveau pendant des heures. Ils cherchent à se couper du monde pour être seuls dans leur bulle. Roger, lui, s'amuse. Même à quelques instants d'une rencontre clé. « Un jour, à Sydney, il a absolument voulu que l'on fasse un bras de fer juste avant sa rencontre! Ce garçon, je l'ai vu plaisanter deux minutes avant une finale. En fait, il se concentre au moment où l'arbitre annonce son nom, c'est sa grande force », s'amuse Mansour Bahrami, admiratif. Arnaud Clément se souvient de l'avoir souvent vu au restaurant des joueurs, à Wimbledon. « Il adore jouer aux cartes, à une sorte de belote suisse avec son clan. Dans les vestiaires, il peut parler et rire très fort » précise encore Clément, lui aussi impressionné par cette capacité à « switcher » au moment d'entrer dans l'arène. Et n'allez pas imaginer qu'il s'impose des soirées monacales pendant les tournois : « La veille de la finale de l'Open d'Australie, en 2017, je peux vous dire qu'il ne s'est pas couché à 22 heures » confie l'homme d'affaires (et « federiste » passionné) Bernard Arnault. Il n'en dira pas davantage.

« Rog'? Mais il a toujours été un déconneur. Un gamin. C'est vraiment pas quelqu'un d'austère » confirme Marc Rosset. Il se souvient par exemple d'improbables concours de textos avec son pote : « On faisait des compétitions avec, à l'époque, des vieux téléphones. Ceux sur lesquels il fallait appuyer 3 fois sur la touche pour avoir la bonne lettre. Le type écrivait à la vitesse de l'éclair. Et quand il gagnait, c'est comme s'il avait remporté Flushing ». Même de ce jeu potache, son compatriote tire un enseignement amusé : « De toute façon ce mec a une connectivité oeil-bras hors du commun ». Il se rappelle aussi d'une rencontre de quart de finale de Coupe Davis entre la France et la Suisse. C'était en 2003. La rencontre se disputait à Toulouse. Le Genevois était alors le « capitaine-joueur » de son équipe : « La veille du double que je devais jouer avec Rog', je commençais à stresser comme rarement dans ma vie. Et le matin, avant d'entrer sur le court, j'étais malade comme un chien. Roger me demande ce que j'ai. Il ne comprenait pas que je puisse avoir peur, que je puisse être nerveux. Et lui riait, riait… » Ce jour-là, la paire Rosset/Federer battra le duo Fabrice Santoro/Nicolas Escudé, en quatre sets : 6-4, 3-6, 6-3, 7-6 (7/4). Et le lendemain, c'est Roger qui donnera à la Suisse le point permettant à son pays de se qualifier pour les demi-finales de la compétition, en balayant sans pitié Fabrice Santoro : 6-1, 6-0, 6-2.

Parfois moqueur, Federer est aussi un garçon attentionné. Cherchant toujours un mot agréable à glisser à ses interlocuteurs. Cette fois, c'est l'ancienne joueuse française Sarah Pitkowski qui fouille dans sa mémoire. Et qui raconte, encore aujourd'hui avec étonnement, ce qui lui est arrivée il y a pourtant des années, place de la Concorde à Paris. C'était pendant la quinzaine de Roland-Garros. Au volant de sa petite voiture, elle s'arrête à un feu rouge : « Juste à côté de moi, il y a une voiture officielle du tournoi. La vitre teintée arrière se baisse. Et là j'entends : « Tiens, salut Sarah, comment ça va ? » Je tourne la tête : c'était Roger. Comme si tout cela était on ne peut plus normal, on ne peut plus naturel. Alors que nous ne sommes pas des intimes ». Ainsi va Roger, toujours curieux des autres, souvent soucieux de leur bien-être.

Souriant et avenant dehors. Mais secret et pudique dedans. S'il parle beaucoup, le Suisse se livre peu. Notamment quand il s'agit d'évoquer ses points sensibles, ses blessures intimes. La disparition de Peter Carter en est une des plus profondes. « Les destinées de grands champions ne se construisent pas sans faille, sans drame, sans électrochoc. Sans ces moments difficiles qui font grandir », assure Mansour Bahrami. La mort de Peter Carter fut très douloureuse. Cet Australien a sans doute été le premier à avoir vraiment cru en Federer. Mais plus que son coach, il était aussi son ami, son mentor.

Roger et Peter se rencontrent sur les courts du « Old Boy's », le club de Bâle. Roger a alors une dizaine d'années. Carter est professeur de tennis. Il décide très vite de prendre le jeune élève sous son aile. Les deux joueurs ont seize ans d'écart. Ce qui n'empêche pas une amitié profonde de se nouer. Elle est assise sur une confiance sans borne et l'admiration totale que Roger voue à son aîné. C'est Carter, le premier qui lui parlera d'un certain Rod Laver, le champion légendaire (et recordman du monde des titres, 200!, remportés dans une carrière) qui deviendra rapidement un modèle à suivre pour Federer.

Le 1er août 2002, alors qu'il vient d'être nommé capitaine de l'équipe Suisse de Coupe Davis, Carter se tue dans un accident de voiture alors qu'il participe à un safari en Afrique du Sud. Peter Carter avait 37 ans. Roger n'en a pas encore 21.

Quelques mois plus tard, le 6 juillet 2003, Federer bat l'australien Mark Philippoussis en finale de Wimbledon : 7-6, 6-2, 7-6. Il s'offre, ce jour-là, sa première victoire en Grand Chelem. Le voilà, pour la première fois, « Roi du gazon ». Au moment de recevoir sa coupe, le Suisse semble émerveillé d'être là. Sa fraîcheur presque candide et ses bons mots font rire le public anglais. Mais il est aussi rattrapé par sa peine quand il évoque son ami perdu : « Peter est une des personnes les plus importantes de ma carrière. On aurait fait une sacrée fête s'il avait été là. J'espère qu'il me voit, là où il se trouve ». Un peu plus tard, il confiera au quotidien *The Australian* : « Peter Carter n'a pas été mon premier *coach* mais il a été mon vrai *coach*. Il est celui qui a eu le plus d'impact sur ma technique et sur mon style de jeu. Tactiquement, techniquement, il a construit mon service, mon coup droit, ma volée, mon revers aussi ». Carter, le technicien qui a « fait » Federer.

Si les deux hommes ont ébauché ensemble un projet de vie et partagé des moments inoubliables,

Federer ne doit qu'à lui-même – et à son tempérament – d'être devenu ce qu'il est. Quand il quitte ses parents pour se consacrer entièrement au tennis, il prend la décision seul. Apprenant (parfois difficilement on l'a vu) à ne compter que sur lui-même. Mais il y a chez lui une détermination profonde et rare. Qui est aussi sa « marque de fabrique ». Celle d'un homme qui donne l'impression « de toujours savoir ce qu'il va faire dans deux minutes, dans deux heures, dans deux ans », pour reprendre la formule du présentateur vedette de la télévision suisse Darius Rochebin. Pour définir son compatriote, il l'habille d'une citation de l'abbé de Rancé : « Sans destination il n'est pas de destinée ». N'est pas moine trappiste qui veut. Mais la phrase colle parfaitement à Federer. Tant chaque seconde de la vie du joueur semble vouée, destinée, dédiée à sa passion. Et pourtant… « il est anormalement *cool* aujourd'hui par rapport à ce qu'il représente », s'étonne encore Fabrice Santoro. « Cool », mais totalement conscient de ce qu'il est, de sa valeur, de ce qu'il représente. « Partout où il va, c'est Dieu. Il reste plus difficile pour lui de trouver un petit resto sympa pour partager un bon moment avec des amis qu'un tapis rouge ».

Des honneurs auxquels Federer ne reste pas insensible. Mélange paradoxal d'humilité extrême et sincère mais aussi d'*ego* hypertrophié. Santoro se rappelle un périple en Inde avec son copain, en décembre 2014. « On disputait l'IPTL, une compétition internationale amicale entre cinq villes d'Asie. J'étais le capitaine de l'équipe de New Delhi. Et Roger était dans mon équipe. Autour de lui, c'était la folie. Une ferveur comme on a rarement vu. Eh bien ! pendant la compétition, il me posait des questions de junior ! Il me demandait, par exemple, de quel côté il devait servir face à Novak Djokovic. Lui qui à l'époque avait déjà gagné 17 tournois du Grand Chelem... Voilà, ça, c'est aussi Roger... »

Pour la petite histoire, cette journée s'était achevée par une victoire... et une coupe de champagne ! Le Suisse invitant le Français et quelques copains à fêter son anniversaire dans sa chambre le soir même !

Mirka, l'indispensable

« Derrière chaque grand homme, c'est bien connu, il y a une femme. Et derrière Federer, il y a Mirka ». À écouter Mansour Bahrami, on se demanderait presque si l'adage n'aurait pas été inventé pour Roger.

« Mirka? Elle est fantastique! » s'enthousiasme – aussi – Sarah Pitkowski : « Elle a construit Roger Federer. Elle est vraiment pour beaucoup dans son apaisement. Dans la manière dont il joue, sa posture sur le terrain ».

Mirka qui l'aurait aidé à calmer ses démons. Mirka qui a su lui construire un look et parfaire son style. Mirka qui l'aime. Mirka, « l'indispensable » de Roger.

Aujourd'hui, son surnom se suffit à lui-même. Son nom, tout le monde ou presque l'a oublié. Au-delà des *aficionados* de la balle jaune, peu se souviennent de la joueuse professionnelle que fut Miroslava Vavrinec, de son nom de jeune fille. Celui avec lequel elle arpentera le circuit durant six ans. Elle occupera même un temps une honnête soixante-seizième place au classement mondial féminin. Mais aux projecteurs et à sa propre carrière sportive, la jeune femme d'origine tchèque, dont les parents s'exilèrent en Suisse pour échapper au communisme, aura finalement préféré l'ombre prestigieuse de son champion de mari. Femme de l'ombre amoureuse mais aussi très influente.

L'origine de leur monde se situe quelque part dans les allées discrètes du village olympique de Sydney, en

2000. Il n'a pas dix-neuf ans. Elle en a vingt-deux. C'est là que leur idylle va prendre corps. Roger et Mirka se connaissaient déjà un peu. Elle l'avait notamment vu jouer une fois, en Suisse. Il était dans un de ces jours « sans ». Brillant davantage par son lancer de raquette que par la justesse de son toucher de balle. À l'époque, le palmarès de Roger est encore bien maigre. Toujours pudique dès lors qu'il s'agit d'évoquer sa vie privée, Roger acceptera de revenir sur ce moment olympique clé de son existence une quinzaine d'années plus tard, dans les colonnes de *Tennis Magazine* : « On a passé deux super semaines à Sydney. On était une petite équipe. Il y avait Mirka, mon entraîneur Peter Lündgren, une autre joueuse Suisse, Emmanuelle Gagliardi. On partageait une maison avec des lutteurs. Moi, c'était mes premiers Jeux. Deux semaines extraordinaires. Tout le monde était fou de joie d'être là. Et puis, pour Mirka et moi, ça a été le grand départ. C'est ici que l'on s'est embrassé pour la première fois ».

Un baiser marquant sur lequel le tourtereau reviendra également à l'occasion d'une interview accordée à un quotidien britannique, *The Guardian* : « Quand je l'ai embrassée pour la première fois, elle m'a dit : “Tu es si jeune”. Je lui ai répondu : “J'ai 18 ans et demi quand même !” Elle m'a alors rétorqué : “Oui, tu es un bébé”». Et le champion de reconnaître : « Elle a toujours été plus mûre que moi ».

Presque neuf ans après leur rencontre, le 11 avril 2009, ils se passent la bague au doigt. Mirka attend déjà un bébé. Ou plutôt deux. Quelques semaines plus tard, le 24 juillet, viennent au monde les jumelles du couple : Charlène Riva et Myla Rose. Deux petites filles qui auront bientôt deux petits frères. Jumeaux eux aussi. Lenny et Léo naîtront le 6 mai 2014. Quatre frères et sœurs que l'on découvrira en « Mondiovision » pour la première fois au bord d'un court lors de la finale gagnante de leur papa à Wimbledon, en 2017. Une présence sur laquelle leur papa (poule) s'expliquera tout sourire : « Mes enfants aiment bien me regarder mais seulement en finale… » À croire que les « mini-Federer » ont hérité d'un goût certain pour la gagne.

Leur maman, elle, sait le prix du silence. Inutile d'essayer de l'approcher, ne serait-ce que pour décrocher quelques mots. La « discrète indispensable » ne prend plus la parole publiquement depuis une bonne décennie. Ses interventions, ses analyses, ses conseils, son regard, elle les réserve à son mari. Sur le bord du court ou à la maison. Toujours à l'abri des micros ou des oreilles qui traîneraient.

Mais le scénario d'un match peut souvent se lire sur les traits de son visage. Son minois se crispe ou se décrispe à mesure que les jeux sont perdus ou gagnés. Parfois, un « *come on!* » d'encouragement ou de satisfaction lui échappe. « Mirka, on ne l'entend jamais sur le court. Mais je peux vous dire que lui, il l'entend, malgré sa petite voix », assure Mansour Bahrami.

La lecture hypothétique de ses mimiques, par caméras interposées, dans le box des familles, reste toutefois un moyen assez rudimentaire et limité pour tenter de percer « le mystère Mirka ». Sarah Pitkowski se souvient de l'avoir affrontée, du temps où elle écumait elle aussi le circuit féminin. Pas forcément un bon souvenir pour la Française : « C'était sur la fin de ma carrière. Je participais à un tournoi en Espagne. J'ai perdu, après avoir joué un match épouvantable ». Face à elle, une femme qui connaît parfaitement le tennis. Mais aussi son univers, ses à-côtés : « C'est sans doute là sa première force. Elle est aussi une *business woman.* Mais à aucun moment elle n'a laissé le développement commercial ou celui de l'image de Roger prendre le dessus sur ses résultats sportifs », relève la Française.

Mirka-le-sang-froid, sachant toujours garder la bonne distance, le sens de l'essentiel. Se gardant de se laisser griser par les millions ou la « folie Federer » qui depuis des années a saisi la planète tennis. Mais la réduire à un rôle de « manager glacé » serait passer à côté du sujet. Après chaque victoire, leurs étreintes parlent pour eux. Et son Roger n'oublie jamais de rendre hommage à madame. Parfois, un peu plus souvent qu'avant en prenant de l'âge, il s'épanche davantage sur sa vie personnelle. Visiblement assez admiratif du chemin parcouru à deux, puis quatre, puis six : « Et voilà, dix-sept ans après, nous sommes là, nous avons fait tout cela ensemble » dira-t-il en 2017 au magazine américain *GQ*. « Tout cela », c'est une famille qu'ils ont bâtie, bien sûr. Un équilibre solide. Mais c'est aussi un empire. « Roger s'est construit une image, et Mirka y est vraiment pour quelque chose », poursuit Sarah

Pitkowski. « Elle a transformé l'homme à tous points de vue » constate l'ami de la famille, Marc Rosset : « Mirka a compris très tôt l'importance de la communication. Quand vous comparez celle de Rog' quand ils ont commencé à être ensemble avec celles, à l'époque, d'Andre Agassi ou de Pete Sampras, ce n'est vraiment pas la même histoire. Il avait des années d'avance. Et ça, c'est à elle qu'il le doit. Aujourd'hui, c'est facile, tout le monde a des sites internet. Mais à l'époque ce n'était pas le cas ». De l'importance d'être bien accompagné.

Au quotidien, Mirka fait tout pour simplifier la vie de son joueur de mari. « Elle lui apporte beaucoup d'équilibre. Et se montre une très efficace organisatrice de leur vie familiale », constate Bernard Arnault.

Grâce à elle, sa famille est là dès qu'il se retourne, quel que soit l'endroit de la planète où il évolue. « Les voir dans un tournoi du Grand Chelem est assez impressionnant » reconnaît Arnaud Boetsch. « Ils ont compris qu'il ne fallait jamais hésiter à investir sur leur bien-être. Mirka organise la vie des enfants, pour qu'ils se sentent extrêmement heureux, tout en faisant leur école. Et en ayant leur papa à leurs côtés. Du coup, lui peut se concentrer sur son tennis quand il faut… et leur faire des bisous le reste du temps ».

Au fil des ans et des rencontres, le binôme a appris à se protéger, à se préserver des personnes nuisibles. Boetsch, très proche de la famille le reconnaît : « À partir du moment où vous faites partie de leur cercle d'intimes, le rapport avec eux est fantastique. Mais attention, pour "en être", il ne faut pas s'amuser à faire n'importe quoi. Tout est très honnête, très sain autour de leur couple. Et si vous ne montrez pas patte blanche, que vous ne respectez pas les règles, vous disparaissez ».

Par sa présence au quotidien, Mirka aide son mari « à enlever les poids les uns après les autres » pour reprendre la formule d'Arnaud Boetsch : « Moi, quand je changeais de *coach*, le plus souvent, je me fâchais avec l'ancien. Parce que j'étais maladroit, parce que j'étais moins positif. Et alors le bagage devient de plus en plus lourd à porter, au fil de la carrière. Lui, grâce à son équilibre familial, il donne l'impression que son bagage s'allège. Et je suis persuadé que cela se ressent dans son jeu de jambes. Si on voulait symboliser le truc, je dirais qu'il est plus léger encore qu'il y a deux, trois ou quatre ans. Et cela, il le doit aussi largement à sa femme ».

Une chose est sûre, chez monsieur et madame Federer les décisions se prennent en duo. Dans le huis clos familial. Puis, quand la ligne est fixée, le reste de l'équipe n'a plus qu'à s'y tenir. Autrement dit : le tennis est un sport individuel qui se joue à deux.

Les copains d'abord

Si Roger Federer a fait de sa famille son pilier, son cercle de fidèles, d'amis proches, ses copains de rigolades participent eux aussi de son équilibre de vie. Avec eux, il n'est pas tout à fait comme dans sa « vie publique ». Difficiles à approcher, aucun ne veut dire un mot qui pourrait être mal compris, mal interprété et au final desservir « le boss ». Avant de parler, tous ou presque se sont inquiétés de savoir si « Rog' » est au courant du projet de ce livre. Certains allant même jusqu'à lui demander une sorte de « feu vert ». Nulle malice derrière tout ça. Mais la volonté de faire bloc derrière leur copain, de le préserver, lui qu'ils savent ultra-sollicité en permanence.

Désireux le plus souvent de protéger leur anonymat, ils ne révèlent pourtant pas de secrets de nature à faire trembler la Confédération helvétique. Mais il en est ainsi, dans ce groupe d'intimes : la discrétion, ciment de leur amitié, est quasiment une religion.

Quand on leur demande d'évoquer « leur » Roger, ils décrivent à l'unisson un garçon qui aime s'amuser de tout. Presque un ado rigolard, par moments, jamais avare de blagues un peu graveleuses : « Oh non, celle-là, je ne peux vraiment pas vous la raconter… » Le voir passer en une fraction de seconde de cet état-là au pro irréprochable les amuse tous beaucoup. Un coup de main dans les cheveux, une veste et un bandeau vite enfilés, un visage qui se ferme. Et le bon copain redevient « Roger Federer ». « Il passe vraiment du bouton "on" au bouton "off" à une vitesse qui n'est pas normale », s'amuse Fabrice Santoro. On en revient toujours et encore à sa décontraction d'avant-match.

En 2009, l'ancien champion de tennis Pierre Barthès se promène dans les allées du tournoi d'Indian Wells, aux États-Unis. « Je passe alors à distance d'un petit groupe attablé qui parle fort et rit de bon cœur. » Barthès s'en approche. Il y a là son fils, Nicolas, qui est alors un des cadres de Nike. Et qui lui présente son pote Roger Federer. « J'étais surpris, pétrifié et pour tout dire un peu ému de le rencontrer. Et je lui dis alors que j'aimerais bien que l'on puisse se parler, tous les deux » raconte Pierre Barthès. La réponse du Suisse fuse : « Oui, avec plaisir ! Maintenant si tu veux ! ». Peu importe qu'il soit à quelques minutes d'un match. L'isolement, la recherche du calme, très peu pour lui. C'est avec ses copains qu'il veut être. C'est là qu'il est bien.

De l'importance du clan, au sens large, pour le champion : « Quand il fait un grand match, Roger aime avoir sa femme et ses enfants, bien sûr. Mais il veut aussi que ses amis soient là quand cela est possible. Ils comptent aussi énormément pour lui. Il a besoin de sentir que tout le monde est présent », témoigne Bernard Arnault.

Les anecdotes révélatrices de ce qu'est vraiment le personnage ne manquent pas. L'une d'entre elle nous emmène dans un village du Valais, en 2003. Cette année-là, Yves Allegro prévoit d'organiser un match d'exhibition pour célébrer l'anniversaire du club de Grône, fondé vingt-cinq ans plus tôt par son papa.

Il s'agit aussi, accessoirement, d'en remettre les finances à flot. Allegro et Federer sont de très vieux copains. À la fin des années 1990, ils ont même partagé une colocation. La légende dit qu'à cette époque, Roger brillait bien davantage devant sa console de jeux vidéo que dans l'épreuve des tâches ménagères. Sans doute un peu agaçant pour son « coloc », au quotidien. Mais pas de quoi altérer l'amitié indéfectible qui les lie. Plusieurs semaines avant la petite fête du club de tennis local, prévu pour le mois de juillet 2003, les deux hommes inscrivent donc ce rendez-vous sur leurs agendas. C'est promis, Roger sera là.

Mais entre-temps se produit un événement de nature à bousculer un peu son calendrier : Roger Federer remporte son premier titre du Grand Chelem, à Wimbledon. Les jours suivants, il part disputer le tournoi de Gstaad, s'inclinant en finale, le dimanche, contre le tchèque Jiri Novak. Fin d'une séquence épuisante, physiquement comme émotionnellement. On aurait alors pu penser le Suisse à des années-lumière des « Internationaux de Grône ». Mais c'est bien mal le connaître. Deux jours plus tard, il honore, comme promis, son engagement. Trois mille spectateurs se sont bousculés pour venir dans ce village de deux mille âmes. Un peu serrés mais aussi ravis et incrédules de le voir là. Chez Roger Federer, une parole donnée ne se reprend pas.

Parfois même, la parole se chante. Nous sommes cette fois en Australie, en janvier 2017. Roger s'apprête à poser la première pierre de son retour triomphal. Et le voici, en toute décontraction, en mode « boys'band », autour d'un piano. À ses côtés ses « collègues de travail » : le joueur Bulgare Grigor Dimitrov et l'Allemand Tommy Haas. Dans un éclat de rire, ce trio, rebaptisé les « Backhand Boys » reprend « Hard to say I'm sorry » du groupe Chicago. Une petite blague postée sur les réseaux sociaux. Et vue plus de trente millions de fois dans le monde…

Toujours prêt à s'amuser. Toujours prêt à jouer.

Tous ses potes connaissent son goût immodéré, voire déraisonnable, pour les « video games »! Tournoi ou pas, il lui est souvent arrivé de veiller parfois (un peu) tard, quand les parties de Playstation l'exigeaient. « Une nuit, ils avaient fait la foire jusqu'à une heure du matin » se souvient le préparateur physique Paul Dorochenko. « Le lendemain matin, je lui demande ce qu'il s'était passé. Il me répond, tout sourire, "Je jouais contre moi et je me suis battu". Quand je voyageais beaucoup avec lui, j'ai souvent dû aller dans sa chambre pour lui dire d'arrêter… »

Des parties endiablées, il en a disputé quelques-unes avec son presque jumeau Marco, durant leurs jeunes années Bâloises. Marco Chiudinelli est né à peine un mois après Roger. Un vrai ami d'enfance, Bâlois comme lui. Qui a, comme son compère, débuté par le foot. Et qui a aussi fini tennisman professionnel. Au journal suisse *Le Nouvelliste*, il racontera : « Nous allions dans une salle de jeux et nous rentrions ensuite à pied à la maison. En pleine nuit. Parce que nous avions raté le dernier tram ».

Chiudinelli se souviendra toute sa vie de son ultime match sur le circuit. C'était lors du « Swissindoors », le tournoi de Bâle, en octobre 2017. Il avait annoncé que c'était là son dernier tournoi avant de prendre sa retraite sportive. « Chiudi » dispute son premier tour en soirée. Dans les tribunes, Federer, pourtant engagé lui aussi dans la compétition, est là. Il veille et voit la défaite de son copain se profiler. Très ému, il immortalise cette fin de carrière avec son portable. Une fois le match achevé – et perdu – les deux hommes tombent dans les bras l'un de l'autre. Federer ne parvenant ni à retenir ni à cacher ses larmes. Ce soir-là, Alexandre Bompard a vu « une émotion sincère, mais faisant forcément écho à son propre arrêt à lui ». Roger n'en pipera mot. Sans doute pour ne pas voler la vedette à son ami. Mais aussi parce que le sujet est sensible pour ce garçon décidément bien secret.

Amélie Mauresmo n'est pas une de ses intimes. Mais elle a sans doute pu le voir sous sa vraie nature un soir de juillet 2006. Elle vient de remporter le tournoi de Wimbledon chez les dames. Roger, lui, s'est imposé chez les messieurs. Comme le veut la tradition britannique, les deux lauréats se retrouvent quelques heures plus tard pour présider le « dîner des vainqueurs ». « L'organisation de la soirée est très précise. Il y a tout un protocole. Les invités s'installent dans la salle. Ensuite, nous arrivons, sous les applaudissements. Chacun fait son petit discours. Et bien sûr nous n'oublions pas de trinquer à la santé de la Reine d'Angleterre », s'amuse encore celle qui avait déjà remporté l'Open d'Australie cette année-là. « Bien sûr tout cela était très festif, nous étions euphoriques, chacun sur notre petit nuage. Mais j'ai vu ce soir-là un Roger qui est resté très enfantin. Dans sa façon de chambrer, dans ce qu'il disait, dans son rire aussi. C'était vraiment sympa et rigolo de le découvrir comme ça ». Autrement dit, comme un garçon qui aime la vie, les gens. Entier dans tout ce qu'il fait. Et surtout, pour reprendre les mots d'un de ses camarades les plus proches, « comme un ami fidèle qui n'a pas oublié d'où il vient ».

Un Suisse pas si lisse...

(en finir avec le cliché)

Définir Alexandre Bompard comme une *groupie* reviendrait à faire un contresens. L'ancien homme des *media*, qui a notamment dirigé Europe 1 avant de redresser la Fnac, puis de devenir aujourd'hui le patron mondial du groupe Carrefour, est plutôt une sorte d'esthète du « federisme ».

Ce passionné de tennis, pourtant « overbooké » en permanence, ne laisse quasiment jamais passer un dimanche sans prendre sa raquette. Roger Federer, il le regarde évoluer – et l'admire – depuis ses débuts. Et décidément, Federer est l'homme « dont on entend parler » : « La première fois que j'ai entendu son nom, c'était en Haute Savoie où je vivais. À l'époque, Marc Rosset était venu s'entraîner dans la région. Je l'ai alors entendu parler d'un jeune prodige Suisse qui jouait. Ce nom, « Federer », m'avait frappé ».

Depuis, Alexandre Bompard l'a vu jouer des centaines de fois. N'hésitant jamais à sauter dans un avion et à parcourir des milliers de kilomètres, pour assister à un de ses matches à l'US Open ou pour ne pas rater une finale à Wimbledon. Les deux hommes se sont parfois croisés. Mais dire qu'ils se connaissent serait très exagéré. Pourtant, Bompard porte un regard acéré sur Federer : « Oui, c'est un type formidablement sympathique, avenant, ouvert. Mais je ne crois pas du tout qu'on puisse le résumer à cette image de gentleman des courts, de gentil garçon suisse. Il est beaucoup plus dense que cela ». Pour étayer son jugement, Bompard cite par exemple la faim insatiable de victoires du champion. Souvenir d'un déjeuner partagé un jour par le grand patron passionné avec John McEnroe, à Wimbledon : « Je lui ai demandé quelle différence il y avait entre Roger et lui. McEnroe m'a répondu tout de go : "Moi je détestais perdre, je haïssais la défaite. Et Federer aime autant la victoire que je détestais perdre" ».

Gagner partout, tout le temps. Comme une sorte de quête d'absolu dont il faut tenir compte pour essayer de cerner le personnage. Une quête obsédante : « Contrairement à ce que l'on peut penser en le regardant, de prime abord, Federer renferme en lui un volcan en éruption. À certains moments, on sent que ça lui échappe. » Et Bompard d'évoquer sa gestuelle, ses tressaillements, parfois, après une grande victoire : « Ce ne sont pas simplement deux bras en l'air, qui se lèvent. C'est vraiment le feu en lui. Comme si ces moments-là lui échappaient ».

Autre instant révélateur, en finale de Roland-Garros. Nous sommes en 2009. L'année de son unique victoire sur la terre battue parisienne : « Federer sert pour le match. Et il arrive à faire trois doubles fautes dans le dernier jeu, servant alors comme un type qui évoluerait en troisième série ».

S'il fallait trouver une image qui le résume parfaitement, ce serait ce cliché, pris au sommet des Alpes suisses, en septembre 2016. Blessé, il ne peut pas participer à l'US Open. Mais il tient à faire parvenir quelques nouvelles à ses fans, via son compte Twitter.

On découvre un Federer en bermuda, sac à dos sur les épaules. Son regard se perd, au loin : « Cette photo-là, à ce moment-là, ne doit rien au hasard », analyse Alexandre Bompard. À défaut de dominer à cet instant le tennis mondial, il domine le paysage. Laissant deviner ses pensées de grandeur qu'il espère bientôt retrouvée. « Cela nous montre un personnage fascinant de complexité. Et très en décalage avec un truc assez lissé en communication que l'on nous raconte. »

« Lisse » : le qualificatif revient souvent dans la bouche de ceux qui jugent Federer sans s'y intéresser vraiment. « Non, ce garçon n'est pas lisse du tout » corrige aussitôt Philippe Labro. Qui le trouve, au contraire, bien insaisissable. « D'abord il ne se livre pas. Est-ce qu'il lit ? Est-ce qu'il aime le cinéma ? Est-ce que le soir il parcourt quelques pages de la Bible avant de s'endormir ? Qui le sait ? » s'interroge l'écrivain-journaliste aux multiples casquettes, comme s'il devait esquisser les traits de caractère d'un personnage de roman. « Les gens comme lui ont ce talent de nous donner l'impression qu'on les connaît alors que c'est exactement l'inverse, qu'on ne les connaît pas du tout ».

Il existerait donc bien un Roger Federer authentique et méconnu derrière « la bête de scène ». Tout en pudeur et bien enfoui derrière une forme de contrôle absolu. Ne rien faire, ne rien laisser paraître qui pourrait faire croire que l'homme ne serait pas en tout point conforme à la légende.

8 et 8 et 8...
qui font
toujours 8 !

Roger est né le 8 août mil neuf cent quatre-vingt-un. Autrement dit, le 08/08/1981. Il était aux alentours de 8 heures du matin. Les férus de numérologie auront vite fait de calculer son « nombre de vie » (8+8+1+9+8+1 =...8). Un « 8 » hautement symbolique et porte-bonheur chez les Chinois. Et dont Roger a fait son chiffre fétiche.

Il entrerait d'ailleurs toujours sur le court, dit-on, avec huit raquettes dans son sac, s'entoure de huit bouteilles d'eau, souhaite huit personnes dans son box en tribune, et à l'entraînement, il sert 8 fois. La seule entorse bienvenue serait une éventuelle... 9e victoire à Wimbledon.

Normalement ce chapitre aurait dû faire huit lignes mais comme, avec Roger, on en veut toujours plus, il en compte seize, soit deux fois huit lignes.

Un (très) long chemin vers l'élégance...

Au moment de son *come-back* australien réussi, en janvier 2017, Roger plaisantait sur son unique titre des derniers mois. Resté éloigné des courts durant une longue période pour cause de blessure puis de remise en forme, le seul trophée qu'il ait réussi à décrocher, était celui du « most stylist man » (l'homme le plus élégant), décerné par le magazine *GQ USA*. Un classement dans lequel il devançait (quand même!) la *star* mondiale du rap Kanye West et le comédien Ryan Gosling. Renvoyant dans les profondeurs du classement d'autres grands sportifs, comme l'icône du football David Beckham ou le champion du monde de Formule 1 Lewis Hamilton.

Au regard des différents *looks* qu'il a arborés au début de sa carrière, on peut considérer que ce titre non officiel de « l'Open d'élégance » aura sans doute été l'un des plus difficiles à décrocher pour Roger.

Pendant des années, notre Suisse aura suivi, avec plus ou moins de bonheur, les affres de la mode. Alternant décoloration en blond peroxydé, catogan à la Alain Gillot-Pétré ou look de surfeur improbable, crinière tombant dans la nuque et collier coordonné. Pour un peu on pourrait penser que Brice de Nice est le descendant chic de ce Roger-là. « Il a toujours eu de la personnalité » défend Régis Brunet. « Un *look* de mauvais garçon, c'est très bien. Ça le rend différent », concède l'agent qui, à l'époque, ne s'inquiétait ni de son style ni de sa coiffure. Mais bien davantage de sa nationalité : « Son vrai point faible, au départ, c'était d'être suisse. Parce que la Suisse n'était pas un marché comme les États-Unis ou l'Australie, notamment en nombre de pratiquants de tennis » explique le *businessman.*

Finalement, le catogan – ou la nationalité – ne faisant pas le moine, Federer saura dépasser ces petits « handicaps » de départ. Largement aidé, là encore, par son épouse, Mirka. Qui aura à la fois su soigner la garde-robe et le style capillaire de son mari. Une opération largement couronnée de succès si l'on considère qu'Ana Wintour, rédactrice en chef de l'édition américaine du magazine *Vogue* et papesse intransigeante et autoproclamée de la « police de la mode », est sous le charme du tennisman devenu « tennis mannequin ».

Ana Wintour reconnaît toutefois que c'est en short et socquettes de sport qu'il l'a d'abord charmée. Se définissant plus encore comme une groupie qu'une simple fan. Et confessant sa passion suisse au site américain tennis.com : « Je suis allée dans tous les tournois du monde pour lui. J'ai été à l'agonie lorsqu'il était mené et en extase quand il revenait. J'ai raté beaucoup de défilés pour le voir jouer le plus grand tennis de tous les temps ». Pas surprenant alors qu'elle lui réserve régulièrement quelques-unes des plus belles pages de son magazine. La légende dit qu'elle fait partie de ces spécimens capables de se lever en pleine nuit, y compris pour le voir disputer un match du premier tour d'un petit tournoi, de type ATP 500. « Federisée » corps et âme, elle prétend même ne pas avoir besoin de régler son réveil. Comme si elle était dotée d'une sorte de sixième sens, branché sur Roger.

Plus inattendu, l'hommage vestimentaire et stylistique rendu par Daniel Cohn-Bendit. Celui-là même qui semble se moquer des apparences comme de ses chemises (qu'il porte presque toujours sur un t-shirt bien visible). Et pourtant... Dany voit « une corrélation évidente entre l'élégance de son jeu, sans cesse plus impressionnante et celle de son *look* ». Ce serait donc le talent qui aurait fait de Roger Federer une sorte d'icône esthétique. Il précise : « Aujourd'hui, Federer est un artiste. Son tennis est un objet d'art. Et les deux sont indissociables. C'est un "tout" exceptionnel. Un "tout" et une maturité qui le rendent plus beau que lorsqu'il était jeune. Quelle que soit la longueur de ses cheveux ou la forme de son short ».

Federer peut s'enorgueillir d'être le premier, sans doute, à réussir à mettre d'accord celui qui fut surnommé « Dany le Rouge », sur les barricades en 1968, et Bernard Arnault, première fortune de France. L'homme d'affaires, patron du groupe LVMH, très influent dans le secteur de la mode, est un autre grand admirateur du Suisse. Avare de son temps et fuyant généralement interviews et journalistes, il accepte sans hésiter une demande de rendez-vous, dès lors qu'il s'agit de parler de son ami Federer : « Quand il vient dîner à la maison, il porte toujours une très belle cravate. Il est très chic. Comme sur le court ». Le Suisse a déjà été vu à plusieurs reprises dans des défilés de mode, notamment chez Vuitton : « Il y apparaît toujours très élégant. »

« Élégance », ce mot revient en permanence. Un peu comme si, après en avoir été tellement éloigné, le Suisse en était devenu le synonyme. « Il existe toujours un mot pour définir un homme », constate Francis Huster. « Pour Gabin, c'est le panache. Ce type qui fait la guerre, qui risque sa vie, qui n'a peur de rien. McEnroe, lui, c'était Arsène Lupin. Prêt à tout pour gagner, pour être au maximum. Quitte à voler, à tricher, à déraper. Et pour Federer, oui, c'est bien l'élégance ». Avec une dimension artistique particulière sur laquelle insiste l'homme de théâtre : « Sur le court, dans son short, il ne court pas pour la victoire ou pour éviter la défaite, comme n'importe quel autre sportif. Lui est en mouvement pour le style ».

Autant de mots qui « parlent » à la famille Arnault. Chez eux, tout le monde aime le tennis en général, et Roger Federer en particulier.

Les Arnault et les Federer ont d'ailleurs déjà passé des vacances ensemble. Et Roger n'oublie jamais de venir saluer son ami Bernard à chacun de ses passages dans la capitale : « Il est dans la vie comme sur les terrains : d'une grande simplicité », témoigne un Bernard Arnault à l'évidence tombé sous le charme. Joueur régulier, il doit à son ami suisse une de ses plus belles surprises, organisée par sa femme Hélène avec la complicité de ses enfants.

Un soir, deux de ses fils, Alexandre et Frédéric, alors étudiants à Polytechnique, lui demandent de venir jouer avec eux. Rendez-vous est donc pris avec leur père vers 19 h 30 ce 21 mai 2015 pour disputer cette partie : « On rentre sur le terrain. On commence à échanger quelques balles quand le téléphone de mon fils se met à sonner. “C’est le général de l’école, je dois prendre l’appel, je reviens tout de suite” » me dit-il. Trois minutes plus tard, la porte du court s’ouvre. Ce n’est pas Frédéric Arnault qui la pousse. Mais Roger *himself* : « On a fait quelques points. Il m’a donné quelques conseils. Puis mes enfants sont arrivés et on a fait un double. J’étais avec lui. Et curieusement, nous n’avons pas perdu », raconte, tout sourire celui qui a réalisé le rêve de millions de fans : « Personnellement je n’ai pas de posters de lui, mais je possède une de ses raquettes de Wimbledon. Je l’ai laissée dans son plastique. Et puis il m’envoie ses tenues. J’ai mon survêtement siglé RF ! J’ai la casquette ! J’ai tout ! », reconnaît très sérieusement le patron au costume impeccable. Mais les échanges entre les deux hommes ne se limitent pas à ce terrain de jeu : « Roger s’intéresse aux affaires… », confesse Bernard Arnault. L’œil brillant et le sourire aux lèvres. Comme s’il lui adressait là le plus beau des compliments. D’ailleurs il n’est pas rare que Roger demande quelques conseils à son ami. En businessman déjà bien affûté qu’il est.

« Le Saint Sueur »

« Jeu, set et match, Federer »...

Cette formule, Roger l'a entendue des centaines et des centaines de fois dans sa vie. Qu'il gagne (presque toujours) ou qu'il perde (rarement), son rituel d'après match reste le même. Dans l'ordre : il salue son adversaire, qu'il réconforte souvent d'une tape amicale dans le dos ; puis serre la main de l'arbitre ; enfin, se tourne vers ce public qui l'adule. Et qui, à ce moment précis, hésite entre la joie d'avoir vu son champion gagner encore et la douce nostalgie qui l'envahit à l'instant où il prend conscience que le spectacle est déjà terminé. Le temps de quelques saluts, de quelques autographes, parfois de quelques mots quand un micro se tend, et « Rodgeur » s'éclipse jusqu'au prochain combat. Mais avant de disparaître, le magicien abandonne toujours un certain nombre de « reliques ». Une balle lancée ici, une serviette jetée là, un maillot offert ailleurs.

Ce jour de juin 2012, la journaliste Anne-Sophie Lapix a pris place dans une des loges du Court Philippe Chatrier, à Roland-Garros. Elle assiste à un quart de finale entre Roger Federer et le jeune Belge David Goffin. Le Suisse s'impose, après avoir laissé le premier set en route : 5-7, 7-5, 6-2, 6-4. Fidèle à son habitude, il fait offrande de quelques souvenirs, balancés vers les tribunes. Ils ont le goût de l'insignifiance pour lui. Un caractère quasi sacré pour le public. Cet après-midi, le spectateur placé juste devant Anne-Sophie Lapix attrape au vol le bandeau du champion. « Oh, la chance ! » laisse alors échapper à haute voix la jeune femme. « Je mimais la déception extrême » reconnaît-elle. L'habile chanceux l'entend. Il se retourne. Et, dans un geste de galanterie irréfléchi, lui tend le morceau d'éponge : « J'ai vu dans son regard un regret immédiat. Un questionnement : "Pourquoi ? Pourquoi ai-je fait une chose pareille ?" ». En analysant la situation avec un soupçon de distance, on pourrait dire qu'elle a alors entre les mains un morceau de tissu blanc, immaculé, sans marque et dont le seul signe particulier peu ragoûtant serait d'être trempé de sueur. « Trempé, mais qui sentait totalement le parfum. C'était de la sueur qui sent bon, pas de la sueur dégoûtante », s'empresse de corriger la présentatrice vedette du journal de 20 heures de France 2, tout étonnée par le fait que le match le plus éprouvant, le plus âpre, le plus disputé, ne saurait faire transpirer Roger ou le décoiffer. Un peu comme s'il sortait en permanence de la blanchisserie.

Des années plus tard, Anne-Sophie Lapix semble toujours être envoûtée par la fragrance helvétique : « Ce bandeau parfumé, c'est le *gentleman* qui reste élégant en toutes circonstances. C'est l'effort sans que cela se voie », analyse celle qui se définit davantage comme une amatrice éclairée de danse classique qu'une fan de tennis. Mais la comparaison avec les danseurs lui apparaît comme une évidence : « Quand ils arrivent à faire des prouesses, à sauter à 2 mètres de hauteur, à rester accrochés dans les airs. Pour moi Federer, c'est Barychnikov ! Il fait ses exercices à la barre et d'un coup il se met à sauter, à faire des entrechats. Il se projette. Se suspend dans le ciel. Il redescend, tu ne sais pas comment, et ne retombe pas comme les autres ». Et toujours cette impression de légèreté, cette façon incroyable qu'a le Suisse de rendre apparemment facile des choses extrêmement compliquées. « C'est évidemment lié à un travail énorme. C'est-à-dire, je travaille huit heures par jour, je fais huit heures de barre et quand je danse les gens croient que c'est facile ». Roger Federer serait un ballet à lui tout seul. « Les autres triment, lui, il vole ».

Pour un peu on mettrait un vieil enregistrement du *Lac des Cygnes*, on fermerait les yeux et voici notre Federer qui glisserait sur la terre battue en tutu… Mais non, Anne-Sophie Lapix n'est pas une exaltée. « Je ne peux pas parler de fascination. Simplement il y a quelques grands sportifs, comme lui, comme Zidane, qui donnent le sentiment d'être à part, de sortir du lot. Quand ils entrent dans une pièce, il se passe quelque chose… »

Ce « quelque chose », c'est sa capacité à jouer *relax*, à jouer « comme s'il était à l'entraînement » pour Ilie Nastase, dinosaure théâtral et talentueux du tennis. « Il est né pour jouer. Il me rappelle un peu John McEnroe quand il est arrivé sur le circuit, avec cette capacité à tout tenter, à tout oser, comme si rien n'était grave ».

Mais revenons à notre « Saint Sueur ». Reconnaissant dans un sourire « privilégier toujours l'esthétique », Anne-Sophie Lapix n'a jamais jugé utile de le porter. Contrairement à ses deux jeunes garçons qui l'espéraient, a minima, doté de pouvoirs surnaturels de nature à transcender leur jeu quand ils entreraient sur un court de tennis. Las! un jour d'inattention, le « bandeau magique » se retrouve dans le mauvais tas de linge. Et il a fait quelques tours dans le tambour de la machine à laver. Adieu fragrance sacrée! Dieu merci, si l'ADN ne résiste pas à un cycle d'essorage, le rêve lui, ne saurait s'évanouir, même à 60 degrés.

Quand Anne-Sophie Lapix évoque Zinédine Zidane, Sarah Pitkowski, elle, convoque le boxeur Mohamed Ali, le basketteur de légende Michaël Jordan ou encore l'empereur déchu du golf Tiger Woods : « Je mets clairement Roger Federer au même niveau que ces gens-là. »

Le Suisse jouit également d'un emplacement exceptionnel dans l'estime d'un Bernard Arnault réputé peu impressionnable… et pourtant toujours plus impressionné : « Non seulement il est déjà à un niveau inouï. Mais en plus il continue à avancer, à s'améliorer. Il n'y a qu'à voir ses récents progrès en revers par exemple! ». Federer-la-machine, doté bien sûr d'un talent inné, mais pas seulement : « Dans son cas ça relève presque de l'ordre du scientifique. Tout est très construit dans sa tête. Il vous explique par exemple qu'en fonction de l'avancement d'un set et de la façon dont son adversaire se place en fond de court il va faire un service de telle ou telle façon. Ce n'est pas un hasard, il ne tape pas la balle en se disant : « Bon c'est bien », mais sait exactement où il va la mettre, l'effet qu'il va lui donner pour gêner son adversaire le plus possible ».

En mélomane aguerri, Arnault ose une comparaison avec un virtuose du piano : « Roger a cette élégance supérieure. Un peu comme Vladimir Horowitz. Depuis qu'Horowitz est parti, je ne sais pas si on a l'équivalent. Roger a un côté génial, un talent unique ». De prime abord, la comparaison entre le tennisman suisse et le pianiste d'origine ukrainienne n'apparaît pas forcément évidente. Quand le premier, on l'a vu, reste *relax* dans les instants précédents un match, l'autre confessait « avoir l'impression de mourir avant chaque concert ».

Convoquons donc ici Francis Huster. Lui qui a beaucoup travaillé sur la vie du musicien avant de l'incarner sur scène, dans un spectacle à la fois enthousiasmant et bouleversant, intitulé « Horowitz, le pianiste du siècle ». Huster valide sans hésiter le rapprochement entre les deux hommes : « Ils n'ont pas joué du piano pour l'un et au tennis pour l'autre. Ils ont joué "avec". On a le sentiment que la plupart des pianistes ont un compte à régler avec leur instrument, qu'ils veulent le dominer, le dompter. Il en est de même avec les tennismen qui veulent dompter le terrain, gifler l'adversaire. Horowitz et Federer ont eu l'intelligence de faire avec, de s'adapter en permanence à leur piano ou à celui qui jouait de l'autre côté du filet ». Et le comédien, intarissable, développe : « Il y a toujours un moment dans un match de Federer et dans un concert d'Horowitz où on les sent perdus. Ils sont un peu comme des vampires. Ils sucent le sang de l'adversaire – ou du piano – et le laissent pénétrer en eux. Ils comprennent, ils microscopent le jeu de l'adversaire pour mieux en comprendre la faille ». Et malgré cela, ils arrivent à tirer le meilleur du clavier ou du champion qui est en face. Huster, toujours : « Ils resteront comme le pianiste et le tennisman du siècle parce qu'ils auront été les deux seuls à ne pas se mettre en avant. Ils partagent la qualité essentielle d'être maîtres d'une virtuosité extraordinaire. Qui leur permet de laisser l'adversaire se mettre en avant. Au lieu de l'humilier, ils ont le talent fou de pousser "l'autre" non pas au pire, mais au meilleur d'eux-mêmes ». Ainsi Horowitz fit-il la gloire des pianos Steinway. Ainsi Fabrice Santoro estimera-t-il que « le meilleur match de [sa] carrière fut une défaite contre Roger ».

L'histoire ne dit toutefois pas dans quelle mesure, si Roger était Vladimir Horowitz, Rafael Nadal serait cet autre génie du clavier nommé Arthur Rubinstein…

Cette question-là, Philippe Labro ne la tranchera pas. Davantage qu'en pianiste virtuose, le romancier camperait volontiers le Suisse en héros de roman d'aventures. « Il pourrait être un mousquetaire, un cavalier de Kessel ou un pilote de Saint-Exupéry. Parce qu'il y a chez chacun d'entre eux une volonté de faire et de conquérir. On pourrait aussi le comparer à Bonaparte. À ceci près que Federer, lui, franchit en permanence le pont d'Arcole ! » Pour le décrire, Labro emprunte à André Malraux sa définition de l'intelligence : « C'est l'esprit de synthèse, le jugement hypothétique et la destruction de la comédie » disait l'écrivain et homme politique. « Si on y réfléchit bien, "l'esprit de synthèse", il le déploie sur le terrain. Le "jugement hypothétique", il en est l'auteur, puisqu'il peut prévoir et juger ce que va faire l'autre. Quant à la destruction de la comédie, c'est sa modestie et son humilité ».

Made in... Suisse !

L'anecdote peut faire sourire. Mais elle est révélatrice de l'icône vivante qu'est devenu le joueur : en Suisse, vous trouverez la Fédération de Tennis en vous rendant au numéro 1 de... l'allée Roger Federer, à Bienne ! Jamais sportif n'aura joui d'une telle popularité. Connu et adulé, Federer l'est dans le monde entier. Une notoriété « universelle », en ce sens qu'elle dépasse de très loin les frontières du tennis. On peut ne rien connaître au jeu, n'avoir jamais vu un échange, ignorer les règles les plus élémentaires de ce sport. Et « lui trouver quelque chose, à ce Federer ».

Roger, également prophète en son pays. Ses compatriotes lui vouent une admiration sans borne. Timea Bacsinszky en sait quelque chose. Deux fois demi-finaliste à Roland-Garros, la Suissesse la plus pétillante du circuit se souvient qu'elle avait dix ans à peine, quand elle découpa une photo de « Roger » pour la coller sur la couverture de son cahier de texte. Quelques années plus tard, elle le rencontre « pour de vrai », à Bienne. Ce jour-là, Timéa, qui n'a rien d'une midinette, lui demande –non pas un– mais... deux autographes. Jusqu'à ce jour, il ne lui serait pourtant jamais venu à l'esprit de demander une dédicace à qui que ce soit. Ils se revoient plus tard. Notamment ce jour de l'été 2004, tellement particulier pour elle, où elle remporte son premier match chez les juniors, à l'US Open. À son adversaire, elle n'aura laissé que des miettes et deux jeux. Quelques minutes après avoir décroché sa qualification, la voilà qui décompresse, traînant un peu dans la salle internet du tournoi, réservée aux joueurs. C'est à ce moment que son compatriote arrive, vêtu de son aura de numéro un mondial. Il fond vers elle et la félicite chaleureusement pour sa victoire expéditive. Sous le regard incrédule des autres juniors présents : « Je n'y croyais pas, j'étais hyperfière! Roger avait suivi mon match! Le temps s'est arrêté! ».

« Roger », idole des courts. Mais encore bien davantage que cela pour ses compatriotes : « Il est un symbole national » poursuit Timéa. « Il fait partie de notre patrimoine. Il pourrait devenir président de la Confédération s'il le voulait. Ici, même un enfant de quatre ans sait qui est Roger Federer ». Roger le porte-drapeau, mais également l'ambassadeur de sa patrie : « Quand un Suisse voyage dans le monde, qu'on lui demande d'où il vient, et qu'il répond : "*Switzerland*!", le plus souvent, nos interlocuteurs ne savent pas trop s'il leur parle de la Suisse ou de la Suède. On peut bien ajouter quelques indices comme "chocolat", "montagne", "fromage" ou "montre" : il ne se passe pas forcément grand-chose de plus. En revanche, si vous citez le nom de "Federer", même au fin fond du village le plus reculé de la planète, d'un coup, tout s'éclaire! Et de ça, beaucoup de Suisses sont extrêmement fiers ».

Les seuls à en prendre parfois un peu ombrage sont « ses collègues de travail ». Tant il est vrai que, depuis quelques années, il n'est pas simple d'être un tennisman suisse quand on ne s'appelle pas Roger Federer. Inutile de demander à Stan Wawrinka de vous parler de son glorieux aîné, sous peine d'essuyer un refus agacé.

« Quand je gagne un tournoi, ça passe relativement inaperçu » reconnaît Timea Bacsinszky. « Le problème c'est que les gens comparent nos performances à celles de Roger. Alors forcément, ce n'est pas toujours très évident pour nous ». Et la Suissesse d'ajouter, dans un large sourire : « Je n'ai plus qu'à réaliser mon rêve, c'est-à-dire gagner Roland-Garros une fois pour égaler son palmarès. Enfin… cette toute petite partie-là de son palmarès ! ».

« Personne ne peut rien face à Roger Federer ». Cette fois, ce n'est plus un joueur qui s'exprime. Mais Darius Rochebin, présentateur vedette du grand journal télévisé de 19 h 30 à la RTS, la Radio Télévision suisse. Lui qui a interrogé la plupart des dirigeants les plus puissants de la planète, de Yasser Arafat à Vladimir Poutine, de Mikhael Gorbatchev à Aung San Suu Kyi, sans oublier quelques présidents Français, se laisserait presque impressionner à son tour par le « phénomène ». Invincible (aussi) sur le terrain de l'audimat : « On sait très bien que si un soir on a Federer en face, sur une autre chaîne, quoi qu'il arrive, quel que soit le programme que vous mettrez, il écrasera tout ! ». Pour reprendre les mots du journaliste, le champion est pour ainsi dire « le Suisse parfait » : « Il aime bien la nature, il est dans la modération. Chez nous, il est très important de ne pas sortir du lot, de garder une forme de modestie, de ne pas renier ses origines. Quand il participe à un évènement à Bâle, qui est son berceau, il prend toujours soin de consacrer un peu de temps aux Bâlois… et aux media locaux. Le dosage est toujours soigné ».

Autre qualité appréciée de ses compatriotes : sa capacité à être le même *urbi et orbi*, l'adéquation parfaite existant entre « l'homme public » et « l'homme tout court ». Darius Rochebin, qui a bien connu les deux, ose une comparaison avec... Jean d'Ormesson. L'auteur aimait écrire et se reposer dans sa maison de famille, au bord du lac de Morat, près de Fribourg : « Quand vous alliez dîner chez lui, même dans un cadre familial, privé, vous vous disiez en fin de soirée que le personnage privé était assez proche de ce qu'il était sur les plateaux de télévision ou dans sa vie officielle. Donc ça donne une espèce de sincérité complète puisqu'il n'y a rien à cacher, rien à mettre en scène ».

« C'est vrai qu'il n'est pas du tout *show off* » confirme le franco-suisse Arnaud Boetsch. Qui lui reconnaît un pragmatisme et une humilité tout helvétique : « Il a une vraie connaissance de sa valeur, de ce qu'il a fait, de ce qu'il inspire. Mais ça ne l'empêche pas de garder une grande humanité au quotidien ».

Confessons à cet instant une pointe de jalousie envers ces Suisses qui tiennent en Roger Federer un des leurs. Avouons que l'on aimerait bien le leur voler, nous l'approprier un peu. Soyons sérieux : un champion de cette trempe ne saurait appartenir qu'à une seule nation! « Au contraire » proteste Francis Huster : « Il est Suisse parce que la Suisse est universelle. Elle est une confédération italienne, allemande et française. Et ce pays donne une leçon de ce qu'il ne convient pas de nommer "une neutralité" mais bien une "totalité" ».

Une totalité ? Voilà une définition inattendue. Mais qui finalement sied assez bien à celui qui a réussi l'exploit de nous faire tous nous sentir un peu suisses…

La déculottée

Devant le risque de voir ce livre sombrer dans la béatitude, j'ai cherché quelques échecs dans la vie de l'icône. Histoire de m'assurer qu'il n'était quand même pas en mesure de courir sur l'eau.

Voilà qui nous ramène plus d'un quart de siècle en arrière, en août 1991. Cet été-là, celui qui n'est pas encore un dieu vivant participe à son premier tournoi « officiel ». Il a dix ans. La compétition se dispute sur les courts en terre battue d'un club de la banlieue bâloise. Pas de chance pour lui, on manque d'enfants de son âge. Voici donc notre petit Roger « reversé » dans le tournoi des plus grands. Son adversaire du premier tour a donc treize ans. Trois de plus : l'écart est trop important; l'affiche déséquilibrée; et le score final impitoyable, puisque le jeunot s'incline 6/0 – 6/0. Dans le jargon du tennis, on appelle cela une « double roue de bicyclette ». « Il était un peu en colère, un peu énervé » se souvient son bourreau d'un jour, Reto Schmidli. Même si c'est par effraction, il est un peu entré dans la petite histoire du tennis. Puisqu'il reste, à ce jour, l'unique joueur à avoir infligé pareille déculottée à Roger Federer. L'ancien quarantième joueur Suisse aura donc été son premier – et pire – cauchemar tennistique. « De ça, oui, je suis un peu fier » avoue celui qui n'a jamais rejoué contre sa victime par la suite. « Je suis donc invaincu face au maître », s'amuse-t-il. Malgré cette ligne sans équivalent à son palmarès, il a quitté le short et les baskets pour enfiler l'uniforme de policier à Bâle. Si aujourd'hui, Reto Schmidli se dit prêt pour une revanche, il n'en reste pas moins joyeusement lucide : « Oui, j'ai connu furtivement le secret pour le battre. Mais je ne l'ai plus… » Nul doute que si les deux hommes se retrouvaient sur un court, Federer, en garçon bien élevé, lui rendrait sa bicyclette.

Autre époque. Autre niveau, aussi : Fabrice Santoro fait également partie de ceux qui ont connu la joie « d'accrocher » le Suisse à leur palmarès. C'était à la fin des années 1990. À deux reprises, il est alors venu à bout du jeune Federer. La suite de l'histoire tient en une longue liste de défaites pour le Français : « On me demande souvent quel est le plus grand match de ma carrière. J'en ai quand même gagné pas mal, mais mon plus beau match est une défaite », raconte donc celui qui entraîne aujourd'hui Richard Gasquet et Pierre-Hugues Herbert. « Nous sommes en 2005, au deuxième tour de l'US Open. À l'époque, Roger est intouchable. Je perds en 3 sets, serrés : 7/5 – 7/5 – 7/6. Nous avons joué 3 h 15, en session de nuit, à New York. Personnellement, je ne pouvais pas mieux jouer. C'était magique. Je lui ai résisté, c'était déjà un miracle ». Ce soir-là, Santoro (comme tous ceux qui se sont trouvés un jour de l'autre côté du filet, face à Federer) constate que son adversaire le pousse en permanence à l'excellence : « Il faut être à 100 % sur chaque point. Dès qu'une balle n'est pas à la bonne longueur, à la bonne vitesse, au bon endroit, le point est perdu ».

Bien des années plus tard, lorsque le futur vainqueur du tournoi a battu son poulain, Richard Gasquet, au troisième tour de l'Open d'Australie (6/2, 7/5, 6/4), en janvier 2018, Santoro a fait un aveu à Federer :

- « C'est bizarre, c'est la toute première fois de ma vie, ce soir, que j'étais contre toi ».
- « Mais on s'est déjà joué tellement de fois », lui rétorque-t-il, un peu étonné.
- « Oui, c'est vrai ! Mais même lorsque je jouais contre toi j'étais pour toi », conclut le Français.

Un petit coup de canif dans la Coupe Davis

Rares sont ceux qui, durant la carrière de Roger Federer, auront osé se mettre en travers de son chemin. Jakob Hlasek est l'un d'entre eux. Hlasek, c'est quasiment la première étoile du tennis suisse. Lui qui, en 1988, se hisse jusqu'aux demi-finales du Masters. À l'époque, cet ultime tournoi de la saison, regroupant les huit meilleurs joueurs de l'année se disputait à New York. Au Madison Square Garden. Qui sera quasiment l'Olympe tennistique de Hlasek. Il y terrasse successivement le Tchécoslovaque Ivan Lendl, les Américains Andre Agassi et Tim Mayotte. Avant de céder face au futur vainqueur de l'épreuve, l'Allemand Boris Becker. Hlasek, cette année-là, n'a pas fait que marquer les esprits. Il a aussi écrit quelques lignes inédites dans l'histoire du tennis de son pays. Car si, depuis, Federer (qui avait sept ans à l'époque) l'a remporté à six reprises, son aîné restera à jamais le premier Helvète à avoir obtenu le droit de participer à ce tournoi des maîtres.

Gloire de la période « ante-federienne » du tennis suisse, Hlasek se voit confier, quelques années plus tard, les destinées des équipes nationales. Le voici donc engagé pour conduire les campagnes 2000 et 2001 de FedCup avec les filles, de Coupe Davis avec les garçons.

Une expérience sur laquelle celui qui travaille aujourd'hui dans l'immobilier n'aime pas particulièrement revenir. Et pour cause : l'aventure tourna court. Entre Jakob et le jeune Roger, le courant ne passe pas : « Oui, c'est vrai, il y a eu des frictions. Je trouvais qu'il n'en faisait pas assez pour être bon. Alors je lui ai dit : "Tu bouges ton cul (*sic*), tu dois t'entraîner plus et mieux" et ça, il ne l'a pas accepté. C'est pourtant exactement le rôle que doit avoir le coach avec un joueur qui a 19 ou 20 ans ».

Plus qu'un problème d'incompatibilité d'humeur, l'ex-capitaine pointe une différence d'état d'esprit : « Roger ne regardait pas la Coupe Davis comme quelque chose d'important dans sa vie. Pourtant cette compétition est le moteur du tennis suisse. La disputer représente bien plus encore qu'un honneur ». Car l'enjeu de la Coupe Davis est aussi financier. Pour dire les choses clairement, il y a de l'argent à aller chercher : « Nous, nous n'avons pas de tournoi de Bercy ou de Roland-Garros pour faire rentrer des sous. C'est donc grâce à la FedCup et à la Coupe Davis que notre fédération touche des sommes qu'elle reverse ensuite pour aider les jeunes générations à progresser ». Et Jakob Hlasek d'enfoncer le clou, exemples à l'appui : « C'est grâce aux belles campagnes menées par Martina Hingis, Marc Rosset ou moi-même que le jeune Roger a pu avoir deux entraîneurs à sa disposition à Écublens. Mais ça, ça lui passait un peu au-dessus de la tête. Il l'avait sans doute oublié ».

Sauf qu'à l'époque, déjà, on ne s'attaque pas impunément à la statue Federer. D'autant qu'il a lui aussi quelques griefs envers son capitaine. À qui il reproche de ne pas retenir les meilleurs joueurs possible. Il lui en veut surtout d'avoir écarté son ami Marc Rosset. L'ambiance se dégrade jusqu'à ce que la situation explose, une nuit d'avril 2001.

Ce week-end-là, la Suisse affronte la France en quart de finale, à Neuchâtel. Une rencontre qui tourne au fiasco pour les hommes de Hlasek. Puisqu'à l'issue de la première journée, les Français mènent déjà deux victoires à zéro. Il est minuit quand Federer prend la parole – et décide de lâcher ses coups – en conférence de presse : « La vérité est là, ça n'a jamais fonctionné avec Jakob ». Traduction : « Je ne veux plus de Hlasek sur la chaise de capitaine. C'est lui ou c'est moi ». Un bras de fer que le jeune joueur remporte. Exit Jakob Hlasek, capitaine déchu par la volonté de Roger. Des années plus tard, le « viré » qui reconnaît « être fan de tennis et donc de Federer », relativise l'épisode : « Je ne suis pas amer, je ne suis pas blessé. Je n'ai fait que mon job ». Les deux hommes se sont bien sûr recroisés par la suite. Mais, officiellement, ils n'ont « jamais reparlé de ça ».

Reste une rare tache, une petite polémique sur le parcours immaculé du champion. Roger accusé de « ne penser qu'à lui », de « privilégier sa carrière individuelle », de « manquer de respect et d'esprit d'équipe ». Ce qui est sûr, c'est que durant sa carrière, il n'aura jamais inscrit cette compétition tout en haut de la liste de ses priorités.

Il n'en demeure pas moins que c'est lui qui marquera le point décisif face à Richard Gasquet, lors de la finale 2014 contre la France, à Villeneuve d'Ascq. Contribuant largement à offrir pour la première fois de l'histoire le saladier d'argent à son pays. Effaçant des tablettes la finale perdue par les Suisses – et Jakob Hlasek – face aux États-Unis, vingt-deux ans auparavant. Jusqu'à Roger, les Helvètes n'avaient jamais fait mieux que cette deuxième place.

Pourtant, en 2014, les choses ne s'annonçaient pas très bien. Quelques jours plus tôt, bloqué du dos, Roger avait dû déclarer forfait pour la finale du Masters de Londres. Renonçant à affronter le Serbe Novak Djokovic. C'est donc diminué qu'il attaque son premier match de Coupe, cinq jours plus tard. Face à lui, un Gaël Monfils survolté. Il balaie le Suisse 6-1, 6-4, 6-3, ne laissant que huit jeux à son adversaire. La France mène alors un à zéro. Mais déjà, le capitaine des bleus, Arnaud Clément, est préoccupé : « Entre le début du match et la fin, ce n'était déjà plus le même joueur. Le vendredi soir, on savait qu'il était là. Qu'il serait sur le terrain dès le lendemain pour jouer (et remporter) le double. »

Et Clément a vu juste. Le dimanche, en fin d'après-midi, c'est bien un Roger Federer retrouvé qui met la touche finale à une œuvre collective, à laquelle aura aussi grandement contribué son compatriote Stan Wawrinka. Même le public français est sous le charme et ovationne ses bourreaux. Ce 22 novembre 2014, la Suisse devient le quatorzième pays à inscrire son nom au palmarès de la compétition.

Ce jour-là au moins, Roger Federer et Jakob Hlasek auront partagé la même fierté. « Le prochain capitaine de l'équipe devrait être Federer » se met à rêver Hlasek.

Arthur
et le gazon béni

De la même manière qu'il n'y a pas que la Coupe Davis dans le palmarès de Roger, il n'y a pas que Mirka dans sa vie. Il y a aussi « Arthur »...

Arthur, c'est le prénom qu'il a choisi pour baptiser la réplique du trophée du tournoi de Wimbledon, après sa victoire en juillet 2017 contre Marin Cilic, écrasé en trois sets et une heure et quarante et une minutes : 6-3, 6-1, 6-4.

Pendant plusieurs jours, Roger et Arthur ont été inséparables. Affichant leur bonheur d'être ensemble sur les réseaux sociaux. « Arthur au restaurant », « Arthur le bucolique », assis aux côtés de son heureux propriétaire sur un banc.

Mais, au fait : pourquoi « Arthur » ? Roger, décidément joueur en toutes circonstances a posé la question – et collé – ses nombreux fans connectés (Rien que sur Twitter ils sont plus de douze millions...). Toujours concerné par l'histoire de son jeu, Federer a voulu rendre hommage au joueur britannique Arthur Gore. Gore, vainqueur de Wimbledon en 1908. « 19 », comme le nombre de tournois du Grand Chelem remportés par le Suisse à ce moment-là de sa carrière. Et « 08 » en clin d'œil au nombre de ses victoires sur le gazon londonien.

Ceux qui aiment voir des signes partout (surtout quand ça les arrange) noteront aussi que le vrai Arthur a remporté le tournoi pour la troisième et dernière fois en

1909. Il avait alors 41 ans. De là à se dire que l'histoire entre Roger et « Wim' » n'est peut-être pas encore totalement écrite, il y a un pas que je vous propose de franchir allégrement en croisant les doigts…

Ce qui est sûr, c'est que le chapitre initial de cette saga sur herbe a été entamé tôt. En 1999, Roger Federer se présente pour la première fois au « All England Championships ». Une tentative fort peu concluante puisqu'il sort dès le premier tour. Une « performance » qu'il réitérera l'année suivante. Son premier coup d'éclat remonte à l'édition 2001. Il a dix-neuf ans. Et pointe déjà à la quinzième place du classement mondial. Malgré ses deux mésaventures précédentes, il reste persuadé que son jeu correspond bien à la surface londonienne. Et ne cache pas ses ambitions quand *Tennis Magazine* le questionne sur le sujet : « Wimbledon, c'est mon rêve. Si je passe le cap de la première semaine, alors je pourrais être dangereux… » Un rêve qui commencera à se concrétiser quelques jours plus tard. À l'occasion d'une journée à part.

Wimbledon est une terre de tradition. Ici, pas de tenues bariolées ou de fantaisie : les joueurs sont priés de jouer en blanc et les équipementiers doivent impérativement s'adapter. Autre coutume locale : au « All England Lawn Tennis and Croquet Club », en principe, on ne joue pas le dimanche. Sauf à de très rares exceptions quand, par exemple, la pluie a trop perturbé la première semaine du tournoi. Sinon, c'est le « Sunday off ». Du coup, le lendemain, il faut rattraper le retard et jouer tous les huitièmes de finale. Un « Crazy monday » (« lundi de folie ») qui tombe le 2 juillet, lors de cette édition 2001. Pour la première fois de sa carrière, Roger Federer fait son entrée sur le Centre Court. Face à lui, le maître des lieux. Celui que l'on surnomme alors « Mister Wimbledon » : Pete Sampras. Il a alors dix ans de plus que son adversaire et déjà sept victoires ici. Pendant près de quatre heures, les deux hommes se livrent un combat qui reste considéré comme l'un des plus mythiques de l'histoire du tennis. Une unique confrontation entre ces joueurs, qui voit le cadet l'emporter sur son aîné, en cinq sets acharnés (7-6 / 5-7 / 6-4 / 6-7 / 7-5 pour Federer). Le symbole est fort puisque ce centième match de l'Américain sur gazon est aussi sa toute première défaite dans « son » jardin anglais. Son rêve d'égaler Bjorn Borg – et ses cinq titres consécutifs – vient également de disparaître. Un moment « assez fou, presque irréaliste » sur lequel reviendra le Suisse des années plus tard : « J'étais méga nerveux. Pendant l'échauffement, je me disais : 'Mais c'est pas possible!' Pour moi, jouer Sampras, c'était un rêve d'enfant. Et là je me retrouvais face à lui, numéro un mondial, sur le central de Wimbledon. J'ai eu la chance de gagner. Et quelque part, ce match-là a changé ma vie ». Comme une révélation, comme il le confiera en avril 2017 au magazine américain *GQ* : « Je me suis dit : oh mon Dieu!, le tennis ça peut-être bien plus que s'entraîner sur un court glacial en Suisse. Le tennis cela peut être "ça" ! J'ai réalisé que je voulais retourner sur ce court-là, que je préférais jouer sur les plus grands courts que les petits et affronter régulièrement les meilleurs joueurs du monde. Tout à coup, tout a pris du sens. La musculation, le footing, arriver tôt sur les tournois, essayer de bien dormir la nuit. J'ai commencé à comprendre l'importance du moindre détail, qui pouvait faire la différence. »

Bien sûr Federer et Sampras ont eu l'occasion de se recroiser par la suite. Mais sans jamais reparler de ce moment, marquant pour les deux hommes : « Ce match-là lui a fait mal. Lui sait que pour moi ça a été quelque chose de monstrueux. Alors on préfère passer ça sous silence… »

La défaite de Roger, au tour suivant, face à un autre Américain, Tim Henman, en devient presque anecdotique. Le Suisse n'en est qu'au commencement de ce qui sera sa très belle – et longue – aventure londonienne. Le gazon le bénira dès 2003 (et cinq fois consécutivement jusqu'à 2007). Aujourd'hui, il en est donc au chiffre record de 8. Pour le moment…

Arthur n'est pas le seul trophée « vivant » de Roger. Il n'est pas homme à poser ses coupes sur une étagère en attendant qu'elles disparaissent sous la poussière. En janvier 2017, par exemple, après sa victoire à l'Open d'Australie, il s'offre une petite balade en montagne avec « sa » coupe, dans les Alpes suisses. Le temps d'une séance photo. Et de quelques *tweets* : « J'ai toujours voulu emmener le trophée au sommet » postera-t-il notamment. Visiblement heureux comme un enfant un peu rêveur, jouant avec ses personnages.

Beaucoup plus discrète (et n'ayant donné lieu à aucune communication), son escapade avec le trophée des Mousquetaires. Celui qu'il prend (enfin) dans ses bras après sa seule victoire à Roland-Garros, le 7 juin 2009. Ce jour-là, il retrouve en finale le Suédois Robin Soderling. Une rencontre qui sera marquée par un incident, un homme surgissant sur le Court central. Visiblement déterminé à « envelopper » le Suisse dans un drapeau espagnol. Le président de la Fédération Française de Tennis de l'époque assiste à la scène aux premières loges. Jean Gachassin s'en rappelle encore avec effroi : « L'incident a duré quelques secondes, mais je m'en souviens comme si cela avait été une éternité. Roger était pétrifié. Sur le moment, personne ne savait ce que voulait ce type. Tout le monde a pensé à l'agression au couteau dont avait été victime la numéro un mondiale Monica Seles en 1993, lors du tournoi de Hambourg ». À l'instant où l'intrus se colle à la bâche de la tribune présidentielle, Gachassin, assis juste au-dessus, retrouve ses réflexes d'ancien rugbyman. Il tente de lui asséner un coup de poing sur la tête. Avant que la sécurité ne parvienne enfin à neutraliser l'intrus. La finale reprend. Et Federer, oubliant sa peur et sa colère, s'impose sur la terre battue parisienne, en trois sets. Dans les minutes qui suivent, il formule une requête inédite au patron du tennis français : « Il m'a demandé s'il pouvait emporter la coupe à l'hôtel pour, disait-il, s'en imprégner. Il était comme un gosse. C'est la première fois qu'un joueur faisait une demande pareille ». La règle veut que la coupe ne sorte jamais de Roland-Garros, les gagnants repartant avec une copie :

« Mais on ne pouvait rien refuser à Roger. Alors on l'a juste prié, sans être vraiment inquiets, d'en prendre grand soin ». Le lendemain, comme promis, le lauréat rapportera « son » trophée.

Le fameux « vingt » australien

Roland-Garros... Wimbledon... L'Australie... Et encore l'Australie...

Dimanche 28 janvier 2018. Il est 19 h 30 sur la Rod Laver Arena de Melbourne. 9 h 30 du matin en France. L'Open d'Australie doit sacrer son Roi. Ce sera soit Marin Cilic, soit Roger Federer. Ce match a forcément un goût de revanche pour le Croate, balayé en trois sets expéditifs par Federer lors de la précédente finale de Wimbledon, six mois plus tôt.

L'enjeu, un possible vingtième titre du Grand Chelem, dépasse l'entendement pour Roger, vainqueur sortant. Vingt titres qui mettraient une distance quasi irrattrapable entre lui et les autres monstres du tennis : Rafael Nadal et ses seize victoires, Pete Sampras et ses quatorze. Que dire de Novak Djokovic, sacré douze fois, et même de la légende Rod Laver et ses onze « Grands Chelems » ?

Pour obtenir le droit d'entrer sur le court en ce jour de finale, Cilic aura passé six heures de plus que Roger sur le court (Chouette, normalement il devrait être cuit...) Lequel n'aura pas lâché un seul set à ses six précédents adversaires. Leur dernière rencontre n'a pas eu lieu raquette en main, mais plutôt en maillot de bain et tongs aux pieds, les deux champions ayant eu la même idée de partir en vacances aux Maldives fin 2017 pour se requinquer un peu. Ils y échangeront quelques cocktails. Et aussi, forcément, quelques balles...

En ce dimanche de fin janvier, on est bien loin de la carte postale de vacances. L'heure est aux pronostics. Aux statistiques aussi. Les deux joueurs se sont déjà affrontés à neuf reprises dans le passé. La domination de Federer, qui s'est imposé huit fois, semble incontestable. Seul faux pas : en demi-finale de l'US Open 2014. Après l'avoir fait tomber sèchement (6/3, 6/4, 6/4), le Croate remportera son premier – et à ce jour unique – tournoi du Grand Chelem.

Les finalistes entrent sur le court. Sous les applaudissements pour l'un, sous une ovation pour l'autre. Le public a déjà choisi son camp. Toujours le même. Les organisateurs, eux, ont décidé de fermer le toit rétractable du court. À l'extérieur, il fait chaud, 38 degrés. Serait-ce là un discret coup de pouce donné au *papy* de la raquette ? Une façon de le protéger, lui qui depuis deux ans a joué la plupart de ses matches ici en session de nuit, quand la température se fait plus douce ? Inutile d'allumer une polémique sans intérêt. Contentons-nous de constater objectivement (avec, peut-être, je l'avoue, un soupçon de mauvaise foi…) que le toit est fermé pour les deux joueurs.

Cilic sert en premier. Pour les « federistes », l'apnée débute, en Mondiovision. Comme si nous aussi devions penser à relâcher notre jeu, devant nos écrans de télé. Premier jeu et premier break pour Roger. (Mais pourquoi cette finale ne se dispute-t-elle pas en un seul jeu gagnant ?) En douze minutes à peine, le champion mène quatre jeux à rien. Treize minutes plus tard, il empoche la première manche : 6/2. (Serait-ce déjà la lumière que j'aperçois, au loin ?) Me voilà partagé entre l'envie de savourer l'instant et l'impatience d'en finir. (Qu'il l'emporte *fissa*, range son sac et que l'on en parle plus.)

Mais ces premières minutes ne sont peut-être qu'un mirage. Le caillou croate va venir détraquer la belle mécanique helvétique. La deuxième manche ne ressemble en rien à la première. Des balles de break à sauver. Des jeux plus âprement disputés. (C'était bien, finalement, tout à l'heure quand Cilic avait oublié « d'être là ».) Me voici rattrapé par cette angoisse de voir le jeu le plus huilé de l'histoire du tennis s'effriter, comme s'il était en sucre. J'ai envie de me servir un café. (Bon, en fait, je n'en bois jamais.) Deux jeux partout. La coupe est dans le champ des caméras, au bord du terrain, posée devant Rod Laver, juste derrière Roger. (C'est sûr, elle est en manque d'affection. Elle a envie de retrouver les bras velus qui l'ont étreinte douze mois auparavant.) Quatre jeux partout, balles neuves. Arrive trop vite une première balle de set pour Cilic. Federer enchaîne les « *Chum jetzt!* ». C'est la version suisse allemande du « *come on!* » d'encouragement. Les points gagnants se font rares pour lui. Le réalisateur australien nous montre Mirka. Le visage fermé comme jamais. Un plan pas franchement de nature à me rassurer. (J'aimerais pourtant tellement qu'elle me fasse un signe. Un geste qui signifierait : « Ça va aller, ne t'en fais pas. Il ne peut rien nous arriver. C'est ici, en Australie, que tout a commencé entre Roger et moi ».) Mais rien ne vient. Alors je me raccroche, moi aussi, au passé : c'est aussi ici, en 2004, que « son » Roger est devenu pour la première fois numéro un mondial après avoir remporté le tournoi. Et puis il y a eu, ici encore, la finale de la résurrection, en 2017, contre Nadal. Cilic me sort de mes pensées en maîtrisant le tie-break. Un set partout. Un set perdu, le premier du tournoi, pour Roger. (Rester raisonnable. Non, le monde ne vient pas de s'écrouler.)

Une minute et une seconde : c'est le temps qu'il faut au Suisse pour remporter le premier jeu du troisième set. (Ouf, il est encore là!) Mais toujours pas seul : Cilic hausse encore son niveau de jeu comme monte la Seine en crue à Paris en cette fin janvier. « *Fluctuat nec mergitur* ». Roger prend un peu l'eau. Mais reste, pour l'heure, insubmersible. 4/2… Puis 5/2. Sur sa chaise, le Croate s'agace. Son énervement m'apaise. Pendant ce temps, son adversaire emballe le troisième set : 6/3. Plus qu'un set… (Je m'autorise une première respiration depuis plus de quarante minutes. Ce record-là au moins sera battu aujourd'hui.)

Dessinée sur le talon des chaussures roses de Federer, on aperçoit la gare de Melbourne, accompagnée du chiffre cinq. Comme son nombre de victoires ici jusqu'à ce matin. (J'y mettrais volontiers un coup de blanco pour commencer à tracer un six. Mais prudence, tous les trains n'arrivent pas à l'heure.) Le champion sortant a beau prendre d'entrée le service du Croate. Puis s'offrir une balle de « double break » dans la foulée, le « Federer *express* » connaît encore quelques ratés. Cilic remonte.

Cilic égalise. Cilic passe devant. Ce quatrième set sera pour lui. (Tant pis, j'avale deux cafés en une gorgée...)

Le scénario est idéal pour la dramaturgie. (Il l'est un peu moins pour mon espérance de vie.) Les deux gladiateurs ont leurs visages déterminés, les poings serrés et les regards durs. « *Let's go Roger, let's go* », scande le public. Federer prend les devants. Puis le large. Et un. Et deux. Et trois – zéro. Le match n'est pas (encore) plié. Ce n'est plus qu'une question de minutes. Puisque la voie est libre. Roger, en véritable Formule 1, use de cette qualité rare consistant à pouvoir passer une vitesse quand il le faut. Jeu, set et sacre. Roger Federer s'impose 6/2, 6/7, 6/3, 3/6, 6/1. Il lui a fallu trois heures et trois minutes pour remporter son vingtième titre majeur. Il pleure. Il embrasse la coupe. Il profite de l'instant. « Je viens de remporter trois Grands Chelems en l'espace de douze mois. Je n'arrive pas à y croire moi-même ». Même Rod Laver, 79 ans, saisit son portable pour immortaliser l'instant.

Scotché lui aussi devant sa télévision, l'écrivain et journaliste Philippe Labro voit ici couler « les larmes attendrissantes d'un éternel enfant, qui aime le jeu plus que tout. Cela a quelque chose d'extraordinairement touchant, de faramineux de la part de celui qui a déjà tout gagné, qui a le cuir tanné, qui connaît mieux que personne la dureté de la compétition et qui est sans aucun doute possible l'un des plus grands sportifs de tous les temps ». Sans doute aussi un des plus à fleur-de-peau ainsi qu'il le confesse en mars 2016 dans *Tennis*

Magazine : « Comme je suis un mec sensible, tout cela ressort d'un coup. C'est peut-être mieux que de tout « bloquer », de ne montrer aucune faille. Pour moi, c'est important de pouvoir me lâcher, c'est ma façon de graver ces moments-là à vie ».

Une succession de sourires et de larmes qui ont inspiré le metteur en scène suisse Denis Maillefer. L'auteur de l'ouvrage (devenu spectacle) *In Love with Federer* a exprimé son ressenti à travers une tribune, publiée dans le magazine *L'Illustré* : « Comme les *toreros*, il rêve de l'après-midi parfaite dans l'arène, et il sait aussi que c'est impossible. Federer est dans une quête désespérée et joyeuse, il est si entouré et dans une extrême solitude, car c'est toujours lui, seul, qui écrit la beauté ». Ce 28 janvier 2018, le *torero* aura porté l'estocade pour la vingtième fois. (Et moi j'ai pris vingt ans.)

Les FEDAL

Le « taureau de Manacor » aura été un des rares joueurs à avoir réussi à empêcher Federer de toréer en paix. Rafael Nadal, roi incontesté en son arène de terre battue de Roland-Garros. Mais le fabuleux destin de l'Espagnol à Paris ne doit pas faire oublier les qualités de terrien de son rival. Roger Federer qui se sera hissé cinq fois en finale du « *French* », en remportant une : « Sur terre battue, il y a Nadal, Borg, Vilas et Federer. Il est dans les trois ou quatre plus grands joueurs » estime Fabrice Santoro.

Nadal et Federer. « Rodgeur » et « Rafa ». Deux *stars* mondiales. Sans doute les deux plus beaux ambassadeurs du tennis. Dont les affrontements « construisent le tennis », pour reprendre les mots d'Arnaud Clément : « Tu ne peux que respecter ces deux mecs. Mais tous les amoureux du tennis ont choisi leur camp. Tu es soit "Nadal", soit "Federer" ». Une lutte au plus haut niveau qui aura duré des années. Entre duo et duels, ces gladiateurs-là auront sublimé leur discipline. Liant leurs destinées sportives jusque dans l'acronyme « Fedal », synonyme d'excellence et de panache. Si les chiffres donnent l'ampleur de leurs carrières respectives, ils ne suffisent pas pour comprendre leur somptueuse rivalité.

Certes, Nadal et Federer se sont disputés les deux premières places mondiales entre 2005 et 2010. Se bagarrant encore pour le trône de numéro un en 2017 et 2018. Bien sûr, 24 de leurs 38 confrontations ont eu lieu lors de finales. Il est vrai aussi que 9 de ces finales concernaient des tournois du Grand Chelem. On peut aussi constater qu'en janvier 2018, l'Espagnol menait 23 victoires à 15 face au Suisse. Que de records… Que de statistiques… Mais l'essentiel est sans doute à chercher ailleurs. À force de matches épiques les menant au sommet de leur sport. Mais aussi dans cette relation humaine tellement particulière qu'ils entretiennent l'un avec l'autre.

S'ils sont « condamnés » par leurs talents respectifs à être réduits en permanence au statut d'adversaires, les deux hommes ont aussi beaucoup de points communs. Sollicités en permanence, ils savent, de l'avis général, se rendre disponibles. Comme si leur « starification » et la pression permanente qui les entoure, quel que soit le lieu où ils posent leurs raquettes, n'avaient pas modifié leur comportement. Comme s'ils s'interdisaient de (se) décevoir.

Sportivement, « Rafa » est le seul joueur à avoir posé autant de problèmes à « Rodgeur ». À avoir été capable d'être durablement plus fort que lui. Jusqu'à ce déclic, lors de la fabuleuse finale de l'Open d'Australie arrachée par le Suisse, en 2017. Tout jeune espoir du tennis français, César Bouchelaghem, né en 2004 quand Federer était déjà numéro mondial, se souvient de ce match comme d'une leçon magistrale de Roger : « Un combat incroyable ! Où il se fait breaker au cinquième set. Il débreake immédiatement. Et *rebreake* pour l'emporter avec des points de folie et un mental d'acier. Revenant de six mois d'absence sur le circuit, il a été capable de changer son jeu. De l'adapter à Nadal ».

Ce jour-là, un verrou psychologique a sauté. « Je me demande comment, jusque-là, il avait pu perdre autant de fois d'affilée sans rien changer » s'interroge encore Arnaud Clément. Qui tente un début d'explication : « Nadal était le seul mec contre lequel il ne parvenait pas toujours à trouver la réponse. Et il y a peut-être eu, à un moment donné, une sorte d'ego mal placé à vouloir battre Nadal à son propre jeu, là où il est le plus fort. Mais ça ne passait pas… »

Roger l'orgueilleux. Mourir – ou plutôt perdre – pour ses idées. Jusqu'à ce que le Suisse « adapte son jeu » donc. Et se décide à abréger l'échange, à « agresser » son meilleur ennemi sur le court. Retrouvant ainsi la clé de la victoire. Et remettant par ce biais du carburant dans une rivalité qui aura fait avancer les deux hommes tout au long de leurs carrières.

Federer en a pleinement conscience. Et le souligne quelques semaines avant sa « délivrance » australienne, alors qu'il est chez l'Espagnol, à Manacor, sur l'île de Majorque aux Baléares, pour assister à l'inauguration de la « Rafa Nadal Academy » : « Rafa m'a aidé à atteindre plus d'objectifs, à en vouloir davantage. Sans lui dans les parages, je ne serais probablement pas resté un des meilleurs joueurs du circuit pendant tant d'années. Mais parce qu'il était là, et que j'ai aimé cette rivalité, cela m'a permis de rester en alerte. Sa façon de jouer et la mienne se correspondent parfaitement. Il sera toujours le meilleur rival de ma carrière. Et il a fait de moi un meilleur joueur, même si j'étais déjà n° 1. Il est celui qui a eu la plus grande influence sur ma carrière. Il m'a forcé à réinventer mon jeu et ma manière de m'entraîner ». De son côté, Nadal reconnaît volontiers s'être enrichi à chaque match contre Federer.

Si l'un a toujours été l'empêcheur de gagner en rond de l'autre, « ces deux champions, contemporains mais bien différents, se sont tirés vers le haut. C'est pour ça qu'ils ont fait un bien fou au tennis », explique Ilie Nastase. Le regretté Patrice Dominguez ne disait pas autre chose, dans son livre *Roger Federer, le virtuose* (éd. Chiron) : « L'un est puncheur en direct, l'autre une fausse garde. L'un est dans le plaisir, l'autre dans un masochisme poussé à l'extrême. Ce contraste sur lequel on pourrait rester des heures a eu un effet magique sur le tennis des années 2000; il a enfanté le duel d'une qualité jamais atteinte dépassant, lors de la finale 2008 au cœur du temple à Wimbledon, le Borg/McEnroe de 1980 dans ce même lieu ». Difficile de rendre plus bel hommage aux duettistes.

Si les deux hommes se respectent tant, c'est non seulement parce qu'ils savent ce qu'ils se doivent mutuellement. Mais aussi parce qu'ils ont conscience d'être, chacun, face à un champion d'exception. On est bien loin de la crispation fort peu amicale qui existait autrefois, dans les années soixante-dix et quatre-vingt, entre Jimmy Connors et John McEnroe. « Mon postulat c'est que Roger est Roger parce qu'il y a Rafael Nadal. Et je pense qu'ils sont d'ailleurs ce qu'ils sont l'un et l'autre médiatiquement et universellement, parce qu'existe cette opposition », analyse Sarah Pitkowski. Pour elle, « c'est l'opposition entre ces deux types de tennis, ces deux types de caractères qui leur donne cette consistance. Ils ont une chose en commun, c'est l'amour du tennis. Ils ont joué au chat et à la souris, et il y a eu des temps forts pour l'un et pour l'autre, mais j'ai le sentiment d'une profonde admiration. Et cela semble s'accentuer avec les années. Je ne serais pas étonnée qu'en fin de carrière ils deviennent vraiment amis ».

Un cheminement qui semble bien engagé si l'on en croit les propos qu'ils tenaient l'un sur l'autre en 2017 dans *Tennis Magazine* : « Je pense que Rafa est un modèle, un exemple. Lorsque les jeunes voient Rafa évoluer, ils trouvent que c'est un mec *cool*, avec du panache. Cela vient de sa façon d'être, de se comporter, de son apparence, de là d'où il vient, de comment il joue… C'est une *superstar* du tennis, et il rayonne au-delà de notre sphère. Quand il est arrivé sur le circuit, il était incroyablement timide, mais il a toujours été d'un immense respect pour le jeu et a toujours fait preuve de beaucoup d'humilité. Avec le temps, sa personnalité s'est affirmée. Bien sûr, sur le court cela n'a pas toujours été tout rose, mais il y a toujours eu cette amitié particulière qui s'est créée puis renforcée avec les années. Aujourd'hui, nous sommes toujours contents de nous voir même pour passer du temps en dehors des courts ». Dans la bouche de l'Espagnol, cela donne : « Bien sûr qu'il y a des moments de tension pendant les matches. Mais le tennis reste un jeu. Roger et moi n'avons jamais laissé cette pression prendre le dessus dans notre relation. La rivalité commence quand le match débute et se termine quand il s'achève. Elle est toujours restée "humaine". Et si cela est possible, c'est bien parce que nous avons le même état d'esprit ».

Le même état d'esprit, mais pas forcément le même caractère pour Sarah Pitkowski, qui a côtoyé les deux hommes : « Nadal est un vrai gentil et Roger enfile le costume du gentil ». Une impression amplifiée sans doute par la grande spontanéité de l'Espagnol, comparée à la volonté affichée du Suisse de tout contrôler, tout calculer. « Mais ça ne m'empêche pas de préférer Roger… » conclut Pitkowski !

Le gouvernement de Roger

Roger Federer n'a pas seulement le costume ou l'*agenda* de Président. Il en a aussi l'autorité. Pour mener à bien ses objectifs, le patron s'est entouré d'une sorte de « gouvernement » constitué de proches, à la fidélité et à la loyauté jamais prises en défaut. Même s'il convient de ne pas se méprendre : Federer écoute, consulte, travaille en équipe. Mais, au final, c'est lui qui décide.

Si le « président Federer » devait avoir un premier ministre, il nommerait sûrement à ce poste le très discret Pierre Paganini. Il est son entraîneur physique depuis près de vingt ans. À entendre le concert de louanges que fait naître la simple évocation de son nom, on se dit que ce premier ministre n'a aucune inquiétude à avoir quant à sa cote de popularité. Il est « le meilleur préparateur physique de tous les temps », aime à répéter Roger Federer. On connaît le Paganini italien, virtuose du violon. Celui-là est Français. Catégorie « sculpteur ». Car c'est bien lui, Pierre Paganini, qui a « façonné » le jeune Roger. Car c'est lui qui a permis au Suisse de pouvoir s'appuyer sur des qualités physiques que l'on oublie, bien souvent – et à tort – de mentionner. « S'il n'avait pas la vitesse de jambes qu'il a aujourd'hui, Roger ne pourrait pas prendre la balle si tôt et imprimer un jeu d'attaque aussi pressant pour les autres », rappelle Amélie Mauresmo.

Le rôle de Paganini aura donc consisté, très tôt, à modeler une œuvre d'art en devenir. « Il est sans doute le type qui a le mieux su accompagner et tailler ce diamant brut qu'était Roger à la base. Il a toujours su le faire travailler intelligemment, sans le cramer. Pour lui faire développer ses nombreuses qualités naturelles. Et compenser ses éventuelles faiblesses », poursuit la championne française. Le résultat, selon l'ancienne numéro un mondiale féminine ? Même si les deux hommes ont des styles radicalement différents, Federer est physiquement aussi impressionnant, aussi rapide, aussi endurant, que Nadal. « Il a aidé Roger à structurer un emploi du temps physique », complète Arnaud Boetsch, « ce qui l'a amené à être extrêmement stable, solide, capable de gérer des périodes de repos et de mettre énormément d'intelligence dans tout ce qu'il fait. Au final, Roger subit moins de stress, de douleurs, de fatigue que les autres joueurs. Il rend tout très positif. Et surtout, ça l'aide à se maintenir à son niveau de forme incroyable ».

« Paganini ? c'est un monstre ! » affirme Fabrice Santoro avec enthousiasme. Un monstre, mais aussi un homme de l'ombre. Ne cherchez pas à le voir dans le box des joueurs, vous perdriez votre temps ; Pierre Paganini n'aime pas être sur la photo : « En général, il arrive quelques jours avant le début d'un tournoi du Grand Chelem. Il prépare son joueur. Le fait transpirer. Puis il rentre chez lui. À part Roland-Garros, où il était présent, je crois qu'il a dû assister à tous ses autres titres à la télé ! » s'amuse Santoro. Plutôt bavard, et très prévenant lors des séances de travail, l'éminence grise accepte rarement de parler publiquement, comme il l'a fait en avril 2017 dans *La Tribune de Genève*. Pour dire toute l'admiration qu'il porte à « son boss » : « Roger est besogneux depuis le début, même si cela ne se voit pas. On sait très bien que le talent sans effort ne suffit pas. C'est quelqu'un qui a un potentiel énorme, une coordination d'athlète phénoménale. Mais cela ne veut pas dire qu'il a moins besoin de travailler. Au contraire, comme c'est un point fort, il doit le travailler plus encore pour faire la différence ». Après tant d'années de vie sportive partagée, « Paga » avoue être encore parfois étonné par les aptitudes de son joueur : « Il y a toujours une forme de surprise. Mais j'ai l'habitude, depuis le temps. Alors quand il me surprend, je ne suis presque plus... surpris. Je sais qu'il comprend et réalise tellement vite, qu'il gère tellement bien la complexité de certains exercices physiques que cela m'oblige à être constamment créatif. Il faut toujours augmenter l'exigence pour qu'il soit stimulé. » L'entraîneur physique a un "élève" brillant donc, mais Santoro l'assure : « Sans lui, c'est sûr, Roger n'aurait pas fait la même carrière ».

Autre discret omniprésent et, surtout, indispensable : « Sévé ». Autrement dit : Séverin Lüthi. Lui est de tous les déplacements et de tous les voyages depuis 2007. Il fait partie de ce *staff* resserré, cette garde intime très rapprochée vers laquelle Roger ne manque jamais de se tourner et qu'il n'oublie sous aucun prétexte de remercier après une victoire. Ancien tennisman professionnel, Lüthi passe deux ans sur le circuit. Sans jamais parvenir à se faire une place parmi les 500 meilleurs joueurs du monde. En 2005, poussé par Federer, il succède à Marc Rosset comme capitaine de l'équipe suisse de Coupe Davis. Super-soldat, dévoué corps et âme, Il est pour Roger bien davantage qu'un simple compagnon de route. « Sévé fait partie de ces gens que tu connais depuis longtemps et qui veulent le meilleur pour toi. Lui me connaît mieux que personne. Autant que ma femme et mes parents », raconte-t-il à *Tennis Magazine* en novembre 2017.

Parmi les noms qui gravitent plus ou moins près de l'astre, dans la galaxie Federer, on peut également citer le Suisse Daniel Troxler, son physiothérapeute « aux mains magiques », *dixit* le principal intéressé. Ou encore Ivan Ljubicic, son entraîneur et consultant technique. Le Croate a succédé à un homme qui aura beaucoup compté pour Federer : Stefan Edberg. L'ancien numéro un mondial suédois, au si beau jeu, aura su rappeler au joueur qu'il devait « dynamiser » son jeu d'attaque, aller vers l'avant en se frottant davantage au filet.

Mais globalement, le patron fait avec une équipe légère. En politique, on appellerait ça un gouvernement « resserré ». Dont la communication serait portée, organisée, et parfois même verrouillée par « Tony ». Tony Godsick, que l'on pourrait surnommer : « la muraille ». C'est le « porte-parole officiel » du gouvernement Federer. Il cumule les postes puisqu'il est aussi, de manière plus officieuse, l'influent conseiller de l'ombre, ayant toujours l'oreille du prince. Ce New-Yorkais partage sa vie avec l'ancienne joueuse Marie-Jo Fernandez. Cela fait plus de dix ans maintenant qu'il s'occupe des intérêts de la *star*. Ensemble, ils ont créé la société Team 8, en 2007. Pour gérer les intérêts de

Roger mais aussi la carrière d'autres joueurs. « Tony et Roger sont liés par un pacte de confiance. À un moment, ils n'avaient plus besoin qu'une agence fasse le boulot pour eux » explique Régis Brunet. Il connaît très bien Tony Godsick, pour l'avoir côtoyé pendant des années chez IMG McCormack. D'où son regard éclairé sur ce binôme surpuissant : « Moi, à l'époque où je m'occupais de Roger, je devais appeler les boîtes pour les solliciter. Aujourd'hui Tony n'a qu'une chose à faire : attendre que son téléphone sonne et choisir, en accord avec Federer, tel partenaire ou telle stratégie. Ils sont maîtres de leur destin et n'ont de comptes à rendre à personne ».

Parfaitement « dans la ligne » (qu'il contribue sans aucun doute à imposer), Godsick sait mettre de la distance avec ses interlocuteurs, tout en voulant tout contrôler. C'est bien simple : toutes les demandes concernant Roger mènent à Tony. Et ne vous avisez surtout pas d'essayer de le court-circuiter au risque d'être placé sur sa liste noire. À sa décharge, sa mission consistant à protéger le champion des sollicitations innombrables et permanentes n'est pas des plus aisées. Et puis il sait se montrer très agréable… Dès lors qu'il maîtrise la situation. « Tony est à la fois un gars très intègre, très structuré, très protecteur, mais aussi très admiratif de Roger ». remarque Arnaud Boetsch. Le réduire à un rôle d'exécutant zélé des volontés de Federer serait passer à côté de leur « couple ». « Il n'est pas un agent béni oui-oui. Ils se disent les choses quand cela est nécessaire. Et si Roger écoute beaucoup son agent, c'est parce qu'il a un point de vue extrêmement pertinent sur ce que doit être la vie d'un champion. Il joue un rôle stabilisateur majeur », résume l'ancien joueur. Et puis Tony possède un atout maître dans son jeu : Mirka, elle aussi, a pleinement confiance en lui.

La dernière idée commune de Roger et Tony, c'est la création de la Laver Cup. Un tournoi exhibition pensé et organisé en marge de l'ATP, l'instance « reine » du tennis, et qui ne rapporte donc aucun point à ses participants. Mais qui, dès sa première édition, de par la qualité du plateau de joueurs rassemblés, a voulu montrer au monde du tennis qu'il faudrait désormais compter avec lui. Le principe de la Laver Cup est à la fois simple et ludique, puisqu'il s'agit de mettre aux prises, pendant un week-end, une équipe « Europe » et une autre composée par « le reste du monde ». Lors de la « première », en septembre 2017 à Prague, Bjorn Borg portait la casquette de capitaine de l'équipe « Europe » tandis que John McEnroe gérait « le reste du monde ». Si la légende de l'épreuve reste à bâtir, le coup *marketing*, lui, est déjà un succès. Grâce à la réunion pendant quatre jours, autour d'un très télégénique et très chic court noir de jais, de Rafael Nadal, Alexander Zverev, Dominic Thiem, Nick Kyrgios ou de Rod Laver. Et bien sûr, d'un Federer visiblement très heureux d'être là, parmi ces jeunes, ces moins jeunes et ces légendes du jeu.

Pour promouvoir la Laver Cup, Tony Godsick n'hésite pas à envoyer à tous les journalistes et autres contacts de son carnet d'adresses messages et vidéos en nombre, notamment via la messagerie Whatsapp. Mais tel un bon *producer*, ainsi que l'on nomme ces super attachés de presse à l'américaine, il sait mettre des « coups de pression » quand il estime que l'on s'approche d'un peu trop près – et sans son autorisation – de la « galaxie Federer ». C'est d'ailleurs ce qu'il fera à propos de ce livre (pourtant quasi-amoureux!) Rappelant, dans un mail envoyé à certains sponsors de Roger, que l'ouvrage n'est pas « autorisé ». Et qu'il serait donc malvenu de leur part (et sans doute mal vu de la sienne...) d'y contribuer. « Le rôle de Tony, c'est de l'éloigner de vous », résume efficacement Fabrice Santoro. Bref, Tony fait le job.

La genèse de l'interview que j'ai pu faire de Roger Federer, sur Europe 1, à l'automne 2016, ressemble à un cas pratique révélateur. Il m'aura fallu plus de deux ans d'efforts – et d'idées plus ou moins saugrenues – pour parvenir à installer le champion derrière mon micro.

Comprenant assez rapidement que les demandes classiques n'ont aucune chance d'aboutir, je décide de mettre en ligne sur le site change.org une pétition, amicale et souriante, en reprenant le modèle – et quasiment la phraséologie – de celle qui à l'époque rencontrait un énorme succès contre « la loi travail » portée par la ministre Myriam El Khomri. Face au texte « Loi travail, non merci! », les internautes peuvent trouver celui intitulé : « Roger [Federer] dans la matinale d'Europe 1 : oui merci! ». Résultat : plusieurs milliers de signatures. Des auditeurs bien sûr, puisque je relayais déraisonnablement l'opération à l'antenne, des curieux, des amoureux du tennis. Mais aussi quelques personnalités (parfois complices, je l'avoue…) comme l'imitateur Nicolas Canteloup, le youtubeur Norman ou le réalisateur et ancien comédien des Nuls Dominique Farrugia. L'initiative suscite un élan de sympathie, obtient quelques échos dans la presse. Mais ne fait pas lever un sourcil à « Tony ».

Il me faut alors activer le deuxième étage de la fusée. Cette fois, je demande à certains de mes invités de la radio d'enregistrer de courtes vidéos, postées aussitôt sur les réseaux sociaux. « Rodgeur, il faut vraiment que tu viennes. Tu déconnes sinon, franchement », lâche JoeyStarr. Pour la version internationale, sans doute plus accessible à « Tony », c'est Woody Allen qui s'y colle : « Roger, you have to come. Come to Europe 1 ». Las, rien ne se passe.

Place donc à l'artillerie lourde. En mai 2016, après avoir interrogé François Hollande dans le cadre de la matinale – et juste avant sa sortie du studio pour éviter le barrage de ses équipes de communication – je demande au Président de la République de participer à la mobilisation : « Cher Roger Federer, je suis à Europe 1. Vous y êtes attendu. Et vous verrez, on y est très bien reçu ». Sitôt enregistré, sitôt mis en ligne. Même le chef de l'État, voilà qui commence à faire beaucoup pour « Tony ». Qui fait connaître son « agacement ». Bref, pour le moment, c'est toujours non. Jusqu'à ce jour du mois de septembre suivant, où mon collègue Jean-

Pierre Elkabbach m'appelle plein d'enthousiasme d'un restaurant parisien où il déjeune et me hurle dans le téléphone : « Ton idole est là, il faut que tu viennes ».

À peine rentré chez moi, je venais de me glisser sous la couette pour une petite sieste réparatrice après une nuit de travail. Je m'en extirpe à la vitesse de l'éclair; saute dans mon *jean*; grimpe sur un Vélib' ; et me mets à pédaler comme un fou, comme si ma vie en dépendait. « Et s'il décidait de partir avant que j'arrive ? ». C'est bien l'angoisse – et non l'effort – qui me fait transpirer. Une fois arrivé (enfin!) devant le restaurant – moi qui avais tellement attendu ce moment – je décide de patienter encore un peu avant d'aller à sa rencontre. Le temps de lui laisser finir son déjeuner. L'échange est bref mais particulièrement chaleureux. À ma grande surprise, Roger connaît toute « l'histoire ». Et visiblement tout cela l'amuse beaucoup. « Tu sais, l'autre jour, je suis passé devant la radio, j'ai pensé à toi et j'ai failli t'appeler » me lâche-t-il avec un naturel déconcertant. En tout cas, pour notre affaire, c'est oui ! C'est promis ! C'est même twitté, photo à l'appui (on n'est jamais trop prudent...) ; l'interview va se faire.

À partir de l'instant, où le boss a donné son accord, la mue de Tony Godsick est aussi rapide que spectaculaire. Il devient un agent facilitateur, disponible et très efficace. Roger et moi nous verrons à Zurich, à la fin du mois suivant. Pour l'heure, il poursuit sa remise en forme après sa longue pause pour cause de blessure. En arrivant sur place, je m'attends à tomber nez à nez avec une armée de communicants. Dont l'un aura forcément un chronomètre à la place du cœur, et m'imposera d'arrêter de parler, puis de quitter les lieux au bout de dix minutes TTC dans le meilleur des cas. Au lieu de cela, je retrouve Roger, seul, attablé au *club-house*. Il sirote un coca et me propose, très tranquillement, de le rejoindre pour « boire quelque chose après ce long voyage ». J'accepte volontiers mais lui promets que nous allons faire au plus vite pour l'interview. Il pense alors que c'est moi qui suis pressé. Finalement, nous passerons deux bonnes heures ensemble, à échanger, plus ou moins sérieusement. Des éclats de rire. De la chaleur. Je suis stupéfait de sa simplicité et de sa disponibilité. Federer est à la hauteur du mythe. Avant de nous quitter, il insistera pour aller payer les verres que nous avons partagés.

Au-delà de la personnalité de chacun des membres de son « gouvernement », ce qui marque le plus reste sa grande cohérence. Jamais l'un des membres de cette garde rapprochée n'aura eu une parole dissonante : « C'est une organisation au service d'un dessein. Tout est ordonné vers un but, un objectif, une mission : faire aimer le tennis, le porter, l'incarner. Incarner les valeurs du sport. Marquer l'histoire », résume, plein d'admiration, Alexandre Bompard.

RF, la classe affaires

Quand vous vous faites un plat de pâtes et que vous buvez une coupe de champagne en croquant quelques carrés de chocolat, vous prenez un kilo. Roger, lui, prend un million. C'est évidemment une boutade, encore que…

Si Federer est autant connu, c'est aussi parce qu'il est partout. Sur une bâche publicitaire de la Place Saint Marc, à Venise. En photo sur la 5e avenue, à New York. Dans un centre commercial de Dubaï ou « affiché » dans le métro parisien. Les marques se battent à coups de millions de dollars pour s'attacher ses services. Ouvrez un magazine de papier glacé, vous l'y trouverez arborant sa Rolex. Allumez la télé, il vous expliquera pourquoi il aime les pâtes Barilla. Et si vous êtes plutôt connectés à votre ordinateur, vous n'échapperez pas à la vidéo « al dente », regardée plus de soixante millions de fois. Voilà qui donne une idée du « poids » du Suisse dès lors qu'il décide de « prêter » son nom.

« Ce qui est certain, c'est que l'association d'une marque et d'une personnalité n'est jamais anodine », décrypte Gilles Bonan. Pour le P.-D.G. de Roche-Bobois, classé 30 au plus fort de sa carrière et fan de la première heure de « Rodgeur » lui aussi, « une association gagnante repose avant tout sur un socle de valeurs communes, réelles, supposées ou projetées. Federer véhicule une image d'élégance, de dépassement de soi, de persévérance, de sympathie. Il est – ce qui ne gâche rien – un sportif aux performances et à la personnalité hors norme. Autant d'attributs dont rêvent les marques. »

J'ÉTAIS POURTANT CERTAIN D'AVOIR PRIS DES BANANES POUR LES PAUSES...
SGLOUB
OUPS...
Roger
KAK.

© Collection personnelle Mansour Bahrami

1992, Roger est ramasseur de balles au tournoi de Bâle. Grâce au facétieux Mansour Bahrami, il se retrouve sur le court, avec Jimmy Connors, pour quelques échanges. Des années plus tard, c'est le Suisse qui offrira la photo à Bahrami.

© Collection personnelle Thomas Sotto

4 octobre 2016. Ma toute première rencontre (impromptue) avec Roger dans un restaurant parisien. Il me promet que nous allons nous revoir vite pour l'interview que je cherche à faire avec lui depuis deux ans. Il tiendra parole !

3 septembre 2016. Il devrait être sous les projecteurs de l'US Open. Blessé mais pas abattu, Roger se ressource en solitaire dans ses Alpes Suisses. Le regard n'est pas perdu. Mais bien déterminé à aller chercher ses prochains rêves...

© Federer (Twitter)

© Collection personnelle Fabrice Santoro

2014, Fabrice Santoro est le capitaine de l'équipe dans laquelle se trouve Roger Federer lors d'un tournoi amical en Inde. Beaucoup de rigolade. Mais un Roger très consciencieux : « Il me demandait de quel côté il devait servir face à Novak Djokovic. Lui qui à l'époque avait déjà gagné 17 tournois du Grand Chelem... » (Fabrice Santoro).

© Collection personnelle Alexandre Bompard

Dimanche 16 juillet 2017. « Cette photo je l'ai prise moins de trente minutes après sa victoire à Wimb'. L'incroyable exploit de regagner à Wimbledon après tant de finales de frustrations. Et une demi-heure après, il apparaît totalement apaisé, serein, accompli. » (Alexandre Bompard)

© Photo by Ryan Pierse/Getty Images

15 septembre 2003. « Ce qui est bien avec Rodge, c'est qu'on se marre tout le temps… Il est toujours en train de déconner… » (Marc Rosset)

© Collection personnelle Bernard Arnault

21 Mai 2015. Une partie de tennis improvisée. Quand Bernard Arnault pense aller jouer au tennis avec ses enfants. Et qu'il se retrouve face à Roger Federer…

1998, Roger Federer participe à l'Orange Bowl à Key Biscayne aux Etats-Unis. Le jour de son arrivée, il fait le clown avec une corde à sauter et se fait une grosse entorse à la cheville. Le "blond" remporte malgré tout le tournoi – et le titre officieux de champion du monde junior – quelques jours plus tard.

Septembre 2017,
tournage de la publicité pour les pâtes Barilla.
Professionnel au tennis, amateur – voire néophyte – en cuisine.
Mais toujours habile…

En s'associant à Federer, les marques caressent donc l'espoir de voir s'opérer un transfert identitaire entre le champion et elles-mêmes. « S'offrant » (chèrement) au passage un petit supplément d'âme.

Voilà donc comment notre Suisse se transforme en vendeur de pâtes. Lui qui avoue pourtant être un piètre cordon-bleu : « Il y a plein de choses que je ne sais pas faire et que j'aimerais faire. J'adorerais cuisiner ou faire du patin à glace, par exemple… » déclarait-il en 2012, lors d'une conférence de presse d'après match. Pour la patinoire et le triple lutz, il faudra patienter. En revanche, pour les besoins de cette campagne Barilla, Roger a troqué sa raquette en graphite et ses balles jaunes pour une poêle en fonte et des tomates bien mûres. Se glissant, le temps d'une publicité, dans la peau d'un apprenti. Le cuisinier aux fourneaux s'appelle Davide Oldani, chef étoilé d'un restaurant fort réputé de la région de Milan, en Italie. Et l'on vient parfois de loin au « d'O » pour déguster la *pasta* du *Signore* Oldani. À la carte de ce fou de tennis, pratiquant honorable mais aussi ancien joueur de troisième division de football italienne, vous trouverez le « DFirst Service », autrement dit un plat en forme de court de tennis en gazon, avec balle comestible ! Faut-il préciser qu'il est, lui aussi, un inconditionnel de Federer ? « Avant de le rencontrer, je pensais que c'était le plus grand joueur de tennis de tous les temps, aujourd'hui, je pense qu'il est tout autant numéro un sur le court, qu'il l'est en dehors, en tant qu'être humain. »

Davide Oldani a accepté de raconter les coulisses de cette pub aux côtés de son « commis » d'un jour : « Après avoir passé une journée avec lui sur le tournage, je pense que Roger est un exemple. Un exemple dans le sport, indubitablement, mais pas seulement. En plus, il adore manger… » De là à s'installer devant son piano de cuisine pour faire ses gammes au quotidien, il y a un pas que Roger Federer ne franchit pas dans « la vraie vie ». Lui qui avoue ne pas se souvenir de la date sa dernière prestation culinaire. « Il a pourtant tourné une bonne partie des scènes lui-même. Et il était étonnant de dextérité et de naturel pour manier le couteau ! » insiste le chef. Avant de poursuivre sur les qualités de l'homme qu'il a rencontré : « Nous avons parlé de tennis, bien sûr ! Mais lui qui m'a confié que ses péchés mignons demeuraient la fondue et la raclette m'a aussi posé beaucoup de questions sur les spécialités italiennes, leurs ingrédients, leurs saveurs, la façon de les préparer. » Passionné de sport et de grande cuisine, Oldani est sorti rassasié de ce tournage : « On a beaucoup échangé sur les deux. Alors vous imaginez si j'ai été comblé. »

Mais revenons à notre « homme-sandwich ». Après les pâtes – et toujours soucieux de votre bien-être à table – Roger vous suggérera de vous faire un café avec une machine (*made in Switzerland*) Jura. Accompagné, forcément, d'un chocolat Lindt. Son image, il la vend également à Mercedes, Gillette, Moët & Chandon. Et puis, si faites un tour sur un court de tennis, vous y croiserez forcément des joueurs qui – faute d'avoir son coup droit – porteront ses shorts, maillots, chaussures, chaussettes, casquettes. Tous griffés « RF », de chez Nike. Pour la raquette, ce sera Wilson, merci.

À cette liste, longue mais non exhaustive, on peut ajouter le Crédit Suisse. Quand Roger était enfant, la banque s'appelait encore la SKA. À sa naissance, ses parents, Lynette et Robert, lui auraient ouvert un petit compte épargne. Qui existerait toujours aujourd'hui. Même si entre-temps, il est devenu l'ambassadeur de la maison. Avec un taux de rémunération sans doute légèrement supérieur à celui de ce « livret A » à la suisse.

En 2013, le magazine économique *Forbes*, se risquant à une estimation du patrimoine financier de Federer, avait estimé que ses partenariats divers et variés représentaient 70 % des gains de Roger. Ce qui veut dire que ses gains (records) en tournoi ne représenteraient, si l'on en croit Forbes, que 30 % de sa fortune. Quand on sait qu'avec sa seule raquette et ses victoires, il avait déjà gagné fin 2017 la coquette somme de 109 853 682 dollars, cela donne une petite idée de la fortune qu'il a amassée durant sa carrière.

Même si le tennis reste – de loin – sa priorité, et même s'il ne laisse jamais ses affaires le faire dévier de ses objectifs sportifs, le champion garde plus qu'un œil attentif sur son *business*. « Il fait le gendre idéal, le mari idéal, le papa idéal, le champion idéal. Mais derrière, comme tout champion, il a un égocentrisme qui est extrêmement prononcé. Il y met certes les rondeurs, à la sauce suisse. Mais pour moi, c'est un tueur. Un tueur dans le monde du tennis. Un tueur aussi dans tout ce qui touche à ses sponsors, son *business* », remarque Sarah Pitkowski. Federer, le « voisin de palier » comme diraient ses compatriotes : pas de signes extérieurs de richesse, pas d'esbrouffe, pas de provocation, pas d'extravagance. Mais un homme qui ne prend aucune de ses décisions au hasard : « Je ne l'imagine pas vedette d'une marque de textile qui serait apparue deux ans avant », dit Alexandre Bompard. Le patron de Carrefour lit dans les choix du sportif la volonté de « raconter » une histoire, la sienne. « L'esthétisme de la marque joue beaucoup. Son intemporalité – qui fait écho à ce qu'il sera, lui – aussi. Rolex et Nike en sont une parfaite illustration. Il y a une espèce de projection dans des marques anciennes, qui illustrent quelque chose, qui ont éventuellement des valeurs fortes. Tout est très établi. »

S'il semble logique que des marques comme Rolex ou Mercedes, avec leur cible « luxe-élégance-haut pouvoir d'achat », s'attachent les services de Federer, cela peut sembler plus surprenant pour un marchand de pâtes, par exemple : « Barilla ou Lindt visent certainement un changement de perception de leur image et une montée en gamme », décrypte Gilles Bonan. Et puis marier l'image d'une marque et Roger Federer, c'est la garantie pour elle de susciter un mouvement de sympathie voire d'apparaître sous un nouveau jour. C'est sans doute aussi grâce à l'image de Federer que Rolex a réussi à faire oublier l'étiquette bling-bling et bêtement caricaturale qu'elle devait (bien malgré elle) au publicitaire Jacques Séguéla et à sa saillie devenue célèbre : « Si à 50 ans on n'a pas une Rolex, c'est qu'on a quand même raté sa vie. »

Arnaud Boetsch a rencontré Roger Federer pour la première fois à Genève, en 1999. C'était lors d'une séance d'entraînement. Il s'agissait pour les deux hommes de préparer Roland-Garros. « Moi j'étais vraiment sur la fin de ma carrière et lui au début », raconte Boetsch. Ce jour-là, ils avaient disputé un set. Boetsch concède du bout des lèvres qu'il s'était alors imposé 6/3 : « Ça fait un peu frimeur de dire ça. Il n'avait même pas encore 18 ans et il n'était pas très content d'avoir perdu contre un vieux schnock. Mais il était sympa et on avait passé un bon moment… » Depuis, ils sont devenus amis et font même des affaires ensemble, puisque Arnaud Boetsch s'occupe de la communication et de l'image de Rolex. Il a beaucoup œuvré pour faire revenir le Suisse dans le giron de la marque, en 2005. Auparavant, Federer en avait bien été l'ambassadeur junior, mais le joaillier n'avait pas su le retenir. Pour le double vainqueur Français de la Coupe Davis devenu *businessman*, la démarche de Rolex est limpide : « La question, pour nous, est de savoir ce que Roger inspire. De nous demander, avec lui, ce que l'on exprime ensemble. Même quand il a connu des périodes moins fastes, quand il ne gagnait plus de tournois du Grand Chelem, il est resté le même. Un homme rare. Dont la volonté n'est pas de changer mais d'évoluer. D'aller plus loin. De repousser les limites. De continuer à être bon quels que soient les moments. » Et comme le champion n'oublie jamais de remettre sa montre dans les secondes qui suivent une balle de match, il a vraiment tout de l'ambassadeur de rêve.

Federer est aujourd'hui cet extraterrestre à l'image impeccable, capable d'offrir un peu de sa magie aux marques qui misent sur lui pour vendre. À ceci près qu'il est déjà quasiment devenu « un personnage-marque », autrement dit une marque lui-même.

Recevoir beaucoup, donner aussi...

Et si la faille se trouvait là ? Si Roger Federer était vénal ? Si c'était l'appât du gain et le montant de ses contrats qui le faisaient courir aussi vite et viser tellement juste ? Et parfois, partir au bout du monde, pour disputer quelques matches gentillets organisés par certains de ses sponsors, toujours très généreusement rémunérés ?

Voilà une vision bien réductrice qui ne traverserait pas l'esprit de ceux qui sont, un jour, tombés en arrêt dans le jardin de l'Emmanuel Church, petite église de la ville de Wimbledon. Les yeux fixés sur une pancarte où l'on pouvait lire, pendant l'édition 2007 du tournoi, en toute simplicité : « *God made Roger Federer* ». En version française – et en toute simplicité « vadimienne » – cela donne « Et Dieu créa Roger Federer ». Saint Rodgeur, priez pour nous.

Si la canonisation d'un sujet ne survient, en principe, que *post mortem*, après sa mort, le culte voué au joueur est lui bien vivace *ad vitam,* de son vivant ! Il convient malgré tout (d'essayer) de raison garder. Même si l'honnêteté commande de reconnaître à ce garçon une énième qualité : sa générosité. Tout au long de sa carrière, Federer n'a jamais hésité à contribuer financièrement ou à donner de sa personne pour aider telle institution ou soutenir telle cause humanitaire.

Il fait partie de ces joueurs, finalement assez nombreux, qui estiment qu'il faut agir et rendre en partie à la communauté ce que le tennis leur a permis de récolter. Quand certains s'investissent dans des ONG, des organisations non gouvernementales, d'autres, comme Roger, s'attellent à la création de fondations. Mais dans ce domaine non plus, le Suisse n'a pas vraiment fait les choses comme tout le monde. Sa « Roger Federer Foundation », il décide de la lancer alors qu'il a tout juste vingt-deux ans. Inspiré par sa mère, Lynette, qui s'investit dès le départ – et sans compter ses heures – pour soutenir son fils dans cette aventure. Pour ce qui est de la cause à défendre, « l'apôtre » helvète choisit l'éducation. À la fois fier et reconnaissant de celle que lui ont donnée ses parents, il a pleinement conscience de la valeur que cela représente. Il désire donc aider les jeunes Suisses qui n'ont pas eu cette chance et qui risquent de devoir grandir en marge de la société. Mais son combat, il souhaite aussi le mener dans les pays africains où les enfants sont particulièrement vulnérables. De par leur niveau de pauvreté et celui de la mortalité infantile. Tanzanie, Malawi, Zimbabwe, Éthiopie, Mali et Afrique du Sud : six pays d'Afrique australe et sahélienne sont plus particulièrement ciblés. Une zone du globe qui lui « parle », de par ses racines maternelles sud-africaines. C'est donc là-bas qu'il investit prioritairement, dans des écoles ou des orphelinats. Qu'il s'agisse d'en renforcer les bâtiments ou d'y assurer de la formation. Quand il en a la possibilité, Roger Federer saute dans un avion, pour suivre sur le terrain la concrétisation de ses projets. Des voyages « en terre de mission » qu'il évite de médiatiser. Et durant lesquels il peut rester des heures dans une école, prenant le temps de parler longuement avec les enfants. Le site de sa fondation se fait l'écho de cette autre actualité pour lui. Il n'est pas exempt, reconnaissons-le, de quelques clichés. Mais Roger, dans ces moments-là, ne fait clairement pas le voyage « pour la photo ». Chaque escale semble d'ailleurs faire grandir en lui une envie de s'investir davantage : « Il y a sans doute là une vraie sincérité mais aussi une quête de sens » apprécie Alexandre Bompard. Sa conviction profonde se résume en une phrase, prononcée fièrement un jour par une adolescente sud-africaine en présence du champion : « Je suis le futur de demain. »

La formule est reprise sur la page d'accueil de la « Roger Federer Foundation. » Où l'on peut lire que « L'éducation permet aux enfants de prendre leur avenir en main et d'être acteur de leur destinée. » Tout un programme. Et une vision que Janine Händel est chargée de mettre en musique. Depuis 2010, elle est la Directrice générale de la fondation. Bien heureuse d'avoir un boss réellement investi, comme elle le confiait au site lifegate.com en juin 2017 : « Certains donateurs privés sont contents lorsqu'ils ont signé leur chèque. Ils estiment qu'ils ont fait leur boulot, que leur rôle est terminé. Mais ce n'est pas en agissant ainsi que ça peut fonctionner. Et Roger en est un exemple parfait en n'étant pas simplement l'ambassadeur d'une organisation qui porte son nom. » Une philosophie qu'il a choisi d'embrasser dès le départ si l'on en croit Madame la directrice : « Il a tout de suite dit "si j'ai commencé à être philanthrope, c'est pour faire ça bien.

Si j'ai créé une fondation qui porte même mon nom, c'est pour en garantir la qualité du travail". »

La philanthropie n'est pas un *hobby* pour Federer. Mais comme lorsqu'il se bat sur un court, Roger se fixe des objectifs. Et ils sont ambitieux : en 2018, son but est d'aider un million d'enfants à avoir accès à une bonne éducation à travers le monde.

Sa paternité a sans doute aussi joué un rôle important dans sa prise de conscience. C'est en tout cas la conviction de Janine Händel, telle qu'elle l'a confiée à la chaîne de télévision suisse RTS 2, fin décembre 2017 : « On voit vraiment le père comme il peut l'être à la maison avec ses enfants. Il n'est pas "Roger Federer, la star". Et puis aujourd'hui, il sait ce qu'est le développement d'un jeune enfant. Il ne le savait pas il y a sept ans quand il n'était pas encore papa. Il est devenu lui-même un spécialiste de la petite enfance ». Un point de vue partagé par Arnaud Boetsch : « Vous savez, quand Roger parle aux gens, il s'intéresse aux gens. Ce n'est pas un garçon qui fait semblant. Alors oui, il est très impliqué et extrêmement fier d'aider des milliers de jeunes à qui il permet d'aller mieux, d'évoluer. Je pense que sa fondation, c'est aussi un point de stabilité dans sa vie. N'oublions pas qu'elle a été créée bien avant nombre de ses victoires. Donc ce n'est pas vraiment le mec qui se serait dit : "Tiens, je vais créer un truc, ce sera bon pour mon image". Il est le contraire de ça. »

Toujours sur le site de la fondation, Roger se décrit en trois mots : « authentique », « modeste » et « loyal ». Et une citation : « *It's nice to be important, but it's more important to be nice* » « C'est bien d'être important mais c'est plus important d'être quelqu'un de bien ». « Il n'y a pas une réunion du *Board* à laquelle il n'assiste pas, aucune décision importante n'est prise sans lui », poursuit la Directrice. Persuadée que l'arrêt de sa carrière sportive ne changera rien à son engagement, et qu'il en profitera à coup sûr pour se rendre plus fréquemment encore sur le terrain.

Pour faire vivre sa fondation, Federer lui reverse une partie de ses revenus. Il met aussi en vente aux enchères certains de ses effets personnels. Et il organise régulièrement ses « *Matchs for Africa* ». Des rencontres-exhibitions réunissant quelques-uns des meilleurs joueurs du monde et quelques vedettes de classe mondiale. À l'occasion de la cinquième édition de la manifestation, en mars 2018, il parvient à embarquer dans l'aventure pour la deuxième fois Bill Gates, grand fan et pas peu fier de déclarer que son ami « lui a tout appris du tennis ». L'ancien patron de Microsoft, devenu philanthrope, pousse l'application jusqu'à prendre des cours de perfectionnement pour essayer d'être à la hauteur. Même si la tâche lui est grandement facilitée par son partenaire de double. Un Roger qui fait le show. Qui fait entrer de l'argent dans les caisses de sa fondation. Mais qui entend bien gagner, quand même, à la fin…

L'éternel jeune homme

Que ce soit lors d'un match caritatif ou en tournoi du Grand Chelem, Roger Federer n'accepte que la victoire. Le dimanche 18 mars 2018, après avoir manqué plusieurs balles de match, il s'incline en finale du tournoi d'Indian Wells aux États-Unis. Battu par l'Argentin Juan Martin Del Potro, au terme d'un match splendide : 4-6, 7-6, 6-7. Un petit évènement à relativiser. Puisque le Suisse vient d'enchaîner une improbable série de dix-sept victoires consécutives. Et qu'il reste, en dépit de ce revers, numéro un mondial. Pourtant, lors de la cérémonie de remise des récompenses, on voit un Roger affichant des airs de petit garçon triste. Lui qui a gardé de l'enfance une capacité rare à s'enthousiasmer. Et qui renvoie toujours les dehors d'une inusable jeunesse.

« Mais moi, j'ai l'impression qu'il a quarante-cinq ans », s'amuse le Federer du biathlon, Martin Fourcade, bluffé par ce qu'il nomme « la constante Federer » : « Aujourd'hui j'ai trente ans. Et quand j'ai commencé à regarder le tennis, c'était déjà lui qui gagnait. Et depuis un moment… ». Même si Martin ne rêve pas vraiment de faire un tennis avec Roger (« Ce serait vraiment un grand gâchis, pour son temps et pour ce que j'en retirerais »), le sportif français le plus titré de l'histoire des Jeux Olympiques voit volontiers dans le Suisse « une belle inspiration », teintée d'admiration : « Après des années de creux, il a réussi à revenir à son meilleur niveau et à renouveler son jeu. Parce qu'on ne gagne pas aujourd'hui en faisant la même chose qu'il y a dix ans. »

Le comportement des deux hommes, sur le court ou sur la neige, affiche clairement quelques similitudes : « J'ai une sorte de double personnalité selon que je suis en course ou en dehors. Dès que j'ai le dossard sur le dos, je deviens quelqu'un d'autre. Je ressens un peu la même chose avec Roger Federer. Lui qui est gentil et abordable dans la vie. Puis se transforme en bête de match sur le terrain. » Malgré tout, comment résister à l'usure ? Comment cultiver l'envie et réussir à trouver toujours la motivation après tant d'années et tant de titres ? Là encore, le Français avance une explication : « Je pense que lui comme moi regardons rarement en arrière. Et puis j'ai cette volonté de montrer aux autres – et de me prouver à moi-même – que je suis en mesure de faire mieux que ce que j'ai déjà fait. » Un goût du jeu, presque enfantin, qui les pousse à toujours aller relever « le défi d'après. » « C'est la caractéristique numéro un des immenses champions. Sitôt un objectif atteint, ils possèdent cette capacité à se remobiliser dans l'instant afin de se remobiliser pour le suivant. Ils ne prennent jamais le temps de se retourner pour prendre conscience de ce qu'ils ont su réaliser. Ils aiment les défis, ils aiment se mettre en danger. C'est cette adrénaline qui les fait vivre », décrypte l'entraîneur Patrick Mouratoglou. Qui vit la même chose avec l'Américaine Serena Williams.

Fabrice Santoro partage la même admiration quand il observe le « doyen » continuer à se mouvoir et s'amuser comme au premier jour : « Je suis sidéré par sa fraîcheur ! » Lui qui ne comprend pas que l'on puisse être à ce niveau-là avec autant de pression, autant de reconnaissance, autant de compliments vingt-quatre heures sur vingt-quatre : « Pour moi, son arme secrète, c'est qu'il a 15 ans dans sa tête, 10 de moins que son âge dans ses jambes et son âge réel uniquement sur son passeport. » Le Français pourrait continuer à se promener à travers les âges, en ajoutant que Roger a la chance d'avoir un sommeil de bébé. Une bonne nature qui le rend capable de s'endormir en quelques minutes sitôt qu'il prend place dans un avion. Un atout non négligeable quand on connaît le nombre de kilomètres parcourus dans les airs par un joueur professionnel tout au long de sa carrière.

Et si le secret de jouvence de Roger Federer venait d'abord et avant tout d'une singulière aptitude au bonheur ?

C'est la conviction d'Arnaud Boetsch : « Un jour, Mirka m'a dit "Arnaud c'est incroyable ! Depuis que je le connais, tous les matins, je me réveille avec lui et il est heureux et de bonne humeur". Le tennis est pour lui un moteur fantastique de passion, de bonne énergie. Il est bien dans ce qu'il fait. Au final, sa manière de gérer ses relations autant que sa carrière est à l'image de ce qu'il est intrinsèquement. C'est un trait de sa personnalité fondamental pour moi. »

Autre génération, autre regard. Pour expliquer l'exceptionnelle longévité au plus haut niveau du champion, Jean Gachassin avance l'argument de la sagesse. Celui-là même qui nous prive de présence à Roland-Garros depuis trois ans : « Il sait “doser”sa saison. Il est capable de dire : “Non, cette année, je ne ferai pas Roland-Garros sinon je vais peut-être rater ET Roland, ET Wimbledon”. Sa force, c'est de connaître parfaitement son corps. De définir son planning en fonction de ses priorités. Il sait jusqu'où il peut aller et, *a contrario* quand il doit dire: “Stop, je coupe parce que mon corps, mes muscles, me disent que je dois récupérer”. »

Pourtant, de l'avis général de ceux qui le côtoient, Roger n'a rien d'un ascète. Ainsi, Marc Rosset se souvient d'être allé dîner indien avec son pote en plein Masters de Londres, fin 2017. Exercice assez peu recommandé par les nutritionnistes qui soupèsent chaque gramme avalé par les sportifs de haut niveau. « De toute façon, ce qui compte avant tout – et plus que tout – c'est le mental. » plaide Martin Fourcade, prêt à partager une bonne table avec le Suisse : « Ses capacités mentales hors norme font de Federer un champion immense. Je suis persuadé de ne pas être physiquement le meilleur athlète de la coupe du monde et pourtant je gagne. Je reste convaincu que ce qu'il se passe dans la tête représente 70 % de la performance. Je crois que c'est exactement la même chose pour lui. »

« Il a un mental de guerrier », rappelle Patrick Mouratoglou. Pour qui la différence entre les grands joueurs et ceux qui sont « au-dessus » se fait sur l'état d'esprit. Celui qui a commencé à *coacher* Serena Williams alors qu'elle était en plein doute, et venait de se faire sortir au premier tour de l'édition 2012 du tournoi de Roland-Garros sait de quoi il parle : « Roger pense grand. Il n'a peur de personne. Il croit en lui à 100 % ! Il ne renonce jamais. Il souffre en silence. Et ne cesse jamais de combattre. Y compris dans ses mauvais jours. »

Une des raisons de la longévité de Federer est sans doute aussi à chercher du côté de la mécanique. Fabrice Santoro se lance dans une métaphore automobile : « Quand on le voit sur le terrain, on se rend compte de sa pureté technique et de la facilité avec laquelle il réalise les coups les plus dingues. On s'aperçoit aussi qu'il ne puise aucune énergie. Si on comparait les joueurs à des voitures, on dirait qu'un mec ordinaire consomme quinze litres au cent, là où Roger est à quatre litres. Il ne consomme rien ! C'est sans doute aussi pour cette raison qu'il peut jouer aussi longtemps. » Traduction dans la bouche d'un ancien boxeur devenu préparateur physique, en l'occurrence Paul Dorochenko : « Federer a un très bon niveau aérobie. Autrement dit, avec sa technique qui n'est pas loin de la perfection et son relâchement exceptionnel, il a un coût énergétique qui est relativement faible. Infiniment plus faible que Nadal par exemple. »

Un « moteur » économe, donc. Mais aussi une « carrosserie », naturellement robuste. Même s'il a souvent souffert du dos dans sa carrière, jouant sans doute plus de tournois qu'on le pense avec ce handicap qu'il s'employait à cacher à ses adversaires, Federer peut se targuer d'avoir été largement épargné par les blessures. Et lorsqu'il se fait mal à un genou, début 2016, au lendemain d'un match perdu contre le Serbe Novak Djokovic en demi-finale de l'Open d'Australie, ce n'est pas raquette en main. Mais, si l'on en croit la légende, en préparant un bain pour ses filles. Une blessure qui lui gâche l'année. À Wimbledon, l'aventure s'arrête en demi-finale. Toujours diminué, il renonce à l'un de ses rêves et ne participera pas aux Jeux Olympiques de Rio. À la place, il décide de prendre son temps pour se remettre vraiment sur pied. Une forme de sagesse qui ne surprend Marc Rosset : « Rog' déteste les médecins, il n'aime pas les piqûres. Il préférera toujours mettre deux semaines de plus à récupérer que de faire une infiltration ».

Ce *break* « imposé » lui fait le plus grand bien. À son retour, Roger, très relâché, donne l'impression de prendre encore plus de plaisir à jouer. « Je me sens comme si j'avais reçu une deuxième chance après la blessure de l'année dernière. Quand on joue moins, on a plus d'énergie. Quand on n'a pas joué depuis un moment, c'est comme si le réservoir d'énergie se remplissait à nouveau », confiera-t-il à *Tennis Magazine* à l'automne 2017.

Quelques mois plus tard, dans *La Tribune de Genève*, son préparateur physique Pierre Paganini reviendra sur cette période pas si compliquée qu'elle en avait l'air, à l'entendre : « Pour moi, Roger Federer, c'est Roger Federer, point. Il était tout aussi fort quand certaines personnes voulaient l'enterrer parce qu'il disputait des finales de Grand Chelem mais sans les gagner. Ce qu'on peut juste voir, dans sa carrière, passée et présente, c'est que Rodge arrive toujours à trouver des solutions, à gérer les situations, à dominer les problèmes. Il a su gérer sa longévité, il a su progresser encore dans sa créativité. Sa forme athlétique est toujours là et son état d'esprit est celui d'un joueur qui commencerait sa carrière. Il incarne sa propre réussite. » Comme si son organisme se mettait au service de sa tête. Tant que les yeux brilleront, les jambes suivront.

D'autant que l'âge ne fait pas, n'explique pas tout. Afin de comprendre sa longévité exceptionnelle au très haut niveau, il convient d'ajouter l'envie : « Il faut bien comprendre que sur le circuit, le plus souvent, ce n'est pas à cause d'un problème physique que les champions raccrochent. Ils s'arrêtent parce qu'ils sont saturés sur le plan mental » rappelle Paul Dorochenko. « Quand Sergi Bruguera a mis fin à sa carrière, il en avait marre de souffrir. Federer, lui, ne souffre pas, il s'amuse. Que ce soit sur le court ou dans les salles de massage. Il est multimillionnaire, il connaît les plus grosses pointures de la planète, il sert la main du Pape, il est le Roi du monde. »

Mais peut-être faut-il arrêter de parler de lui comme d'un vieillard en devenir. Et rappeler qu'à ce jour, le Suisse n'est pas (encore) le vainqueur le plus âgé d'un tournoi du Grand Chelem. Toujours devancé par l'Australien Ken Rosewall. Lui qui s'imposa à Melbourne en 1974.

Il avait alors 37 ans et 62 jours. Quand le « jeune » Federer n'avait « que » 36 ans et 173 jours lorsqu'il souleva la coupe, après sa victoire à l'Open d'Australie en janvier 2018. Tiens, un record qui lui échappe. Sans doute de quoi donner au monarque en short l'envie d'aller le chercher. D'en profiter « encore un peu »…

Une « chèvre » pour l'Histoire

Il faut se méfier des acronymes. Sous peine de prendre Roger Federer pour une chèvre. En anglais on dit : « *a goat* ». Sauf que dans le monde du sport anglo-saxon, le « *GOAT* » correspond au « *Greatest Of All Time* », littéralement « le plus grand champion de tous les temps ». Il en existe un – ou une – par discipline. Michaël Jordan pour le basket-ball. Le Roi Pelé pour le football. Michaël Phelps pour la natation. Usain Bolt pour le sprint. Sans doute Michaël Schumacher pour la Formule 1. Et Roger, donc, pour le tennis. On pourrait bien sûr citer aussi le boxeur Mohamed Ali. « Sauf qu'Ali était fou et qu'il était un génie de la communication et du verbe. Et que Federer n'est ni l'un ni l'autre », corrige Philippe Labro. Qui précise : « Ali était excentrique là où Federer est dans le centre, ou plus exactement, il est le centre. »

Un garçon porté par une obsession du palmarès, attaché à battre tous les records, à graver son nom partout où cela est possible. Quand en février 2018, quelques jours après son sacre australien, il décide de s'aligner dans le « petit » tournoi de Rotterdam, il n'a qu'un objectif en tête : combler les cent cinquante-cinq petits points de retard qu'il compte sur Rafael Nadal au classement de l'ATP. Pour retrouver, pour quelques semaines, une place de numéro un mondial qu'il a occupée jusque-là trois cent trois semaines dans sa carrière. Il s'impose aux Pays-Bas. Et le 16 février 2018, quatorze ans après sa « première fois », cinq ans et trois mois après la dernière fois, à « trente-six ans et cent quatre-vingt-quinze jours », comme le souligne

Andre Agassi dans un tweet plein d'admiration, le voilà devenu le « plus vieux numéro un mondial de l'histoire du tennis ». Un record justement détenu jusque-là par l'Américain. Le désormais « ex » doyen qui avait grimpé sur la plus haute marche du classement à trente-trois ans et onze mois. Amélie Mauresmo, qui a elle-même été deux fois numéro un mondiale dans sa carrière, ne voit rien d'anecdotique dans ce retour à la première place. « Numéro 1, c'est la récompense qui salue le travail de toute l'année qui vient de s'écouler. Ça veut dire qu'il aura été, concrètement, en chiffres, le meilleur. En ayant zappé toute la saison sur terre battue. Je pense que lui-même ne l'envisageait pas quand il gagnait l'Australie en janvier 2017. Ce n'est pas le champion d'une époque. Mais bien le plus grand joueur de l'histoire du tennis » analyse celle qui avoue manquer de superlatifs. Federer déjà dans les livres d'Histoire. Mais qui veut y élargir toujours plus sa place. Continuer son petit « surhomme » de chemin en quelque sorte…

« Oui, c'est quelque chose qui compte vraiment pour lui », admet Fabrice Santoro. Ce qui est sûr, au-delà des propos laudateurs, c'est que tous ceux qui le côtoient reconnaissent que cette course aux records constitue un moteur : « S'il tient encore, explique Régis Brunet, c'est parce qu'il veut marquer l'éternité du tennis. »

La Rod Laver Cup participe aussi de cette volonté de marquer les temps. Et il y a fort à parier qu'il en sera, un jour, le capitaine. Beaucoup ont pu prendre la première édition de l'épreuve comme un amusement. Lui s'est battu jusqu'au bout pour la faire gagner à son équipe, sauvant même une balle de match contre l'Australien Nick Kyrgios. On ne sait pas ce que deviendra cette compétition. Mais « au cas où », le nom de Roger Federer est désormais gravé à côté du mot « vainqueur ». Le bilan du Suisse, toutefois, n'est pas seulement comptable : « Au-delà de son incroyable palmarès, il est parvenu à transcender son sport. Techniquement, il va laisser l'image de ce que l'on a fait de mieux » juge Paul Dorochenko.

Federer est aussi un formidable ambassadeur : « Il a fait aimer le tennis à des gens qui ne s'y intéressaient pas. Un peu comme l'a permis Michaël Jordan avec la NBA », souligne Mansour Bahrami. Pour qui Federer est aujourd'hui « au-delà du tennis ». En mars 2016, *Tennis Magazine* l'a interrogé sur ce statut hors-norme : « Je ne me vois pas comme une légende, non. Peut-être parce que je suis suisse. Chez nous c'est plus humble, plus petit. On ne cultive pas ce côté "*superstar*" comme cela peut être le cas aux États-Unis ou en France. Souvent j'oublie à quel point je suis connu et aimé. En dehors des périodes de tournoi, j'essaie d'être un mec normal. Je suis toujours surpris de voir à quel point les gens m'apprécient partout dans le monde. Ce n'est pas "normal" pour moi et j'en suis très fier, très ému ».

Quelle trace laissera vraiment Roger dans l'histoire ? Il faut sans doute convoquer une nouvelle fois Horowitz pour en avoir un aperçu : « Chacun a trois vies : celle qu'il a vécue. Celle qu'il aurait rêvé de vivre. Et celle que les autres lui prêtent avoir vécu ». Ainsi s'écrira la légende de Roger. Un homme dont la réalité et le mythe se seront rencontrés très tôt…

Pas la « plus grande » de tous…

Seul au monde ou presque, avec son palmarès hors du commun et sa collection de records tous plus fous et inaccessibles les uns que les autres, Roger est le plus grand. Juste derrière « elles ». Car trois femmes ont fait encore plus fort que lui. Trois championnes ayant remporté plus de titres en simple que lui dans les tournois du Grand Chelem.

À commencer par l'Australienne Margaret Spring Court. Vainqueur onze fois dans son pays, cinq fois à Roland-Garros, cinq fois aux États-Unis et trois fois à Wimbledon entre 1960 et 1973. Pour un total de vingt-quatre titres en Grand Chelem. Un record à portée de raquette pour l'Américaine Serena Williams, née un mois et quelques jours après Federer. Une incroyable jeune maman qui en 2017 réussit l'exploit de s'offrir l'Open d'Australie... alors qu'elle est enceinte de deux mois! Elle en est à vingt-trois titres en simple et seize en double dans les tournois majeurs. Soit un total hallucinant de trente-neuf couronnes!

« Serena et Roger ont en commun d'être habités par le tennis » note le coach de l'Américaine, Patrick Mouratoglou. « En revanche, leurs personnalités et leur approche du jeu sont totalement différentes. Là où il est dans le plaisir, cultivant l'image de la perfection, elle est beaucoup plus dans l'effort et dans la lutte. Durant ses matches, Serena ne cache rien des émotions qui la traversent. Et de manière générale, elle n'hésite pas à prendre position pour des causes, quitte à s'exposer à des critiques... »

À cette glorieuse liste, il ne faut pas omettre d'ajouter l'Allemande Steffi Graf, juste derrière (mais devant Roger) avec ses vingt-deux finales victorieuses. Steffi Graf dont les jambes furent célébrées en chanson par Vincent Delerm, très pointu en matière de petite balle jaune, puisqu'il n'oubliait pas, non plus, de citer les jambes de l'Argentine Gabriela Sabatini, autre belle championne (victorieuse de l'US Open en 1990).

« C'est tout le problème de l'inégalité homme/femme », tonne Dany Cohn-Bendit. « Steffi Graf, Serena Williams, on en a parlé sur le moment. Mais ça passe vite. Là où les hommes sont considérés comme des demi-dieux, elles ne deviennent pas des déesses. »

Il serait tout aussi incongru d'oublier que d'immenses championnes comme Martina Navratilova ou Chris Evert ont elles aussi beaucoup fait, en leur temps, pour le tennis. Leur rivalité, dans les années soixante-dix et 80, était tout aussi attractive que celle opposant Connors à McEnroe. Mais c'est ainsi : il existe une forme d'injustice dans la façon dont le sport féminin est ressenti et traité par les *media*.

« Il suffit de voir la place accordée au sport féminin en comparaison de celle consacrée aux sports masculins pour comprendre » constate Amélie Mauresmo. Qui ne se contente toutefois pas de cette explication. Elle reconnaît aussi que l'adversité redoutable à laquelle a dû faire face le Suisse durant toute sa carrière a également contribué à construire sa légende : « Que l'on parle de

Rafael Nadal ou Novak Djokovic : ils ont eux aussi gagné un nombre de tournois du Grand Chelem hors du commun. »

En face, le tennis féminin a connu différents règnes, souvent plus resserrés dans le temps mais aussi plus hégémoniques. Car la longévité exceptionnelle de Federer au très haut niveau est une particularité du « federisme » : « Ça fait quasiment vingt ans qu'il est au sommet. On l'a découvert sortant Pete Sampras et Andre Agassi. Et aujourd'hui il terrasse des joueurs de vingt-deux ou vingt-trois ans », relève Alexandre Bompard. Qui ajoute au tableau, afin de le compléter, la dramaturgie des matches en cinq sets : « Elle n'est pas étrangère à la mythologie de Federer. Tout cela s'agrège pour construire ce personnage. »

« Et pourquoi pas, alors, des tournois du Grand Chelem en cinq sets pour les femmes ? » s'interroge Timéa Bacsinszky. « Il faudrait peut-être renoncer aux manches de six jeux pour passer à quatre. Cela permettrait que la prestation des femmes soit proportionnellement égale à celle des hommes », précise-t-elle, persuadée que cela favoriserait un regard nouveau sur le circuit féminin, et une redistribution des cartes. Et de rendre ainsi hommage à des championnes du calibre de Serena Williams, qui ne mérite pas de vivre dans l'ombre de son collègue masculin.

En partie d'accord, Amélie Mauresmo pencherait davantage pour des demi-finales et des finales qui se joueraient en cinq sets, « à l'ancienne ». Tout en prenant soin d'ajouter avec l'œil aussi brillant que lorsqu'elle évoque Federer : « Serena, c'est quand même énorme… ». Que ce soit l'une ou l'autre, ces deux trentenaires auront marqué comme personne le tennis du début du XXIe siècle. De ce point de vue, ils méritent amplement d'être mis sur un pied d'égalité.

Parce qu'elles le valent bien, comme le proclame la publicité, les championnes trouvent en Francis Huster un avocat convaincu : « On a toujours l'impression que les femmes *stars* qui réussissent ne le doivent qu'à leur génie. Elles seraient nées comme ça. Alors qu'avec les hommes, on répète sans cesse que c'est par des efforts qu'ils sont devenus grands. La femme serait douée quand les hommes arriveraient au sommet après un travail acharné. C'est évidemment une ânerie et une très grande injustice ». Et si Roger avait été une femme ? L'homme de théâtre sourit. Mais ne l'imagine pas autrement qu'arrivant sur le terrain en simple tenue blanche, sans maquillage et avec une raquette en bois : « Je le vois plus près de Billie Jean King que des autres. Et il aurait fait exactement le même parcours… »

Billie Jean King, immense championne américaine. Connue pour son palmarès. Mais aussi pour son combat en faveur de l'égalité des sexes et des gains entre hommes et femmes lors des tournois. Celle à qui l'ancien Président américain Barack Obama confie un jour qu'elle l'a influencé dans sa façon d'éduquer ses deux filles, Malia et Sasha. Billie Jean King qui, raquette en main, aura réussi à clouer le bec à Bobby Riggs, ancien numéro un mondial resté le plus macho et provocateur des sportifs mâles. Nous sommes en 1973. À 55 ans, lui se dit certain « d'atomiser » la féministe, presque trentenaire. Qu'il rêve de voir dans une cuisine plutôt que sur un court de tennis : « Je veux battre Billie Jean pour tous les mecs qui vont se marier, dont les épouses ne les laisseront pas jouer au poker le vendredi soir ou aller à la pêche le week-end » lâche-t-il avant le match. La rencontre se dispute le 20 septembre à Houston. Il y a là trente mille spectateurs. Des dizaines de millions de téléspectateurs suivent la joute devant leur poste de télé. Billie Jean King s'impose en trois sets (6-4, 6-3, 6-3) et remporte « la bataille des sexes » (devenue, depuis, un film). L'histoire ne dit pas si Monsieur s'en retourna ensuite tête basse en cuisine. Ou si la défaite, face à plus forte que lui, lui avait coupé l'appétit…

Aristote, Roger et l'autre « Rapha »

« On ne naît pas femme, on le devient » a écrit la philosophe Simone de Beauvoir dans *Le Deuxième Sexe*. Roger Federer lui n'est pas né philosophe, on l'a vu. Mais il l'est devenu. Notamment quand les pépins physiques l'ont contraint à prendre son mal en patience.

En décembre 2016, le patron est absent des courts depuis près de six mois. Une coupure inédite dans sa carrière. Mais qui ne laisse aucune place au doute dans son esprit. N'en déplaise aux esprits chagrins qui veulent déjà le mettre à la retraite, il est déterminé à soigner une blessure qui ne sera pas son « chant du cygne ». L'ancien numéro un mondial n'a plus fait bouger son compteur en Grand Chelem depuis quatre ans et demi et sa dernière victoire à Wimbledon face à Andy Murray, en 2012. Une éternité dans la carrière d'un sportif de son niveau. Même certains de ses fans commencent à douter de sa capacité à revenir au plus haut niveau. Pas lui. Lors de son retour à la compétition, le boss se sait attendu au tournant. Mais il ne doute pas qu'une fois encore il sera soutenu, comme il me le confie à l'époque pour Europe 1 : « J'ai 90 % des spectateurs de mon côté, c'est phénoménal. C'est aussi une raison pour laquelle je joue encore. À certains moments je les entends beaucoup, à d'autres je suis davantage dans ma bulle. Mais ce qui est certain c'est qu'en cette période, j'essaye d'en profiter encore plus qu'avant. » Pas étonnant de la part de celui qui est sorti du cadre depuis longtemps. Quittant son costume de simple joueur de tennis pour devenir une gloire mondiale. Une « bascule » que l'intéressé situe après sa deuxième victoire à Wimbledon, en 2004, face à Andy Roddick. Quand les tapis rouges commencent à se dérouler sous ses pieds, à peu près partout où il se rend. Il est vrai qu'il vient, alors, d'enchaîner trois grands chelems en trois finales, vingt-quatre victoires consécutives sur gazon et d'être l'un des rares à conserver, d'une année l'autre, son titre anglais (avec Sampras, McEnroe, Newombe, Laver, Borg et Becker).

Si Roger Federer existe bien au-delà de la planète « tennis », c'est parce qu'« il est une étoile. » C'est la théorie du philosophe Raphael Enthoven (honnête joueur de tennis qui, toutefois, affleure plus facilement avec les idées qu'il frôle les lignes du terrain). Ne paniquez pas face à ce singulier concept. Raphael s'en explique (assez) simplement : « Une étoile, c'est beaucoup plus qu'une *star*. Dans son *Traité du Ciel*, Aristote présente la trajectoire de la Lune comme une frontière entre deux mondes : le monde supra-lunaire (au-dessus de la lune) composé d'astres éternels immuables et immatériels, et le monde « sublunaire » (de la Lune à la Terre) où règnent le changement, le hasard et la mort. Or, au tennis, dans ce jeu cosmique où deux soleils tapent à tour de rôle sur une planète, Roger Federer, l'étoile Federer, se trouve exactement à la croisée des univers. Il emprunte au monde supra-lunaire la perfection du geste, pour la mettre au service du monde instable où vivent les simples mortels. Federer n'est pas un joueur de tennis. Il est le tennis incarné. Ses balles sont des comètes, ses mouvements sont des ellipses. » Vous voulez relire ? Non ? Alors OK, Raphaël continue : « Quand on le regarde jouer, le spectacle auquel on assiste est celui d'une matière soumise à la forme. La lumière s'est faufilée dans sa chair pour transformer ses gestes en tableaux. Il n'est rien d'autre que l'ambassadeur, l'émissaire ici-bas, d'une forme de vie (parfaite) à laquelle nous n'avons accès que par des gens comme lui. » Objectez au philosophe que Djokovic, Nadal ou Murray ne sont pas non plus complètement « terriens », il vous rétorque tout de go que le Serbe est un produit de la mécanique : « Il échappe à sa condition d'humain par la technique ». Et l'Espagnol, alors? « Une création du désir. » Là où, donc, le Suisse est « une œuvre d'art qui échappe au double écueil d'une technique sans âme et d'un pur caractère qui plafonne aux portes du sommet. »

Voici donc, en termes choisis, pourquoi le monde entier, féru de tennis ou pas, supporterait Federer. Quant à ses matches perdus, ils ne sont jamais vraiment des défaites : « Même quand les autres l'emportent, ils ne font pas le poids » résume le philosophe, redescendu au bord du court. « D'ailleurs quand Federer est malmené dans une partie, on dit toujours qu'il est absent. Et c'est exactement ça. Federer est tellement fort que quand il perd, c'est qu'il n'est pas là. »

Hors du temps, Federer? Son petit côté *old school*, cette élégance légèrement *british*, le situe forcément un peu « ailleurs ». S'il avait dû le camper dans un film ou un roman, Philippe Labro n'aurait pas su exactement à quelle époque le situer. « Il appartiendrait un peu à tous les âges. Il aurait pu exister dans les années 1930 ou 1940. Il aurait aussi pu être Jean Borotra, celui des Quatre Mousquetaires du tennis français qui était surnommé "le Basque bondissant"dans les années 1920. Justement parce qu'il n'est pas dans le *look* et la gestuelle d'aujourd'hui. Il est éternel et immuable », conclut l'écrivain.

Et maintenant...

(Que va-t-il faire ?)

Revenons sur terre et regardons les choses en face : un jour, sûrement assez proche, les fans de tennis devront se résoudre à parler du joueur Federer au passé. Alors ils scrutent le moindre de ses mots, redoutant d'y trouver un indice. Pourquoi, après la finale du tournoi d'Indian Wells n'a-t-il pas dit : « Je serai là l'an prochain », comme il se doit, mais : « J'espère être là » ? Une tournure de phrase peut suffire à plonger son public dans l'angoisse de « l'après »… Martin Fourcade préfère rester dans l'instant, à moins qu'il s'agisse d'une forme de déni : « Il y a des athlètes qui sont sur une pente descendante et que l'on voit assez facilement prendre leur retraite, comme une évidence. Mais lui, aujourd'hui, dans sa situation, je ne vois vraiment pas comment il pourrait arrêter. » Et pourtant…

« Le lendemain de la dernière balle sera abyssal aussi pour lui », assure Alexandre Bompard. Après des années d'adrénaline absolue, il faudra gérer le vide.

Bernard Arnault balaie la question, comme pour exorciser un sortilège : « J'espère qu'il va gagner encore plusieurs Grands Chelems, restons focalisés là-dessus ». Si on insiste un peu, il consent à lâcher « qu'après lui, ce ne sera plus la même chose. »

Attention toutefois à ne pas faire le match de trop, s'inquiète avec bienveillance Dany Cohn-Bendit, en vieux routard de la politique : « Il ne doit pas louper le coche. Quand tu t'arrêtes, tout le monde doit dire : "Ah non, lui, il ne va pas s'arrêter". C'est là le bon moment.

Si tu t'arrêtes et que tout le monde dit : "Ben oui, évidemment, il fallait que ça s'arrête, alors c'est raté" ». Philippe Labro partage cette inquiétude : « Nous allons forcément assister un jour, non pas à sa chute, mais à son déclin. Aura-t-il la clairvoyance de partir sur une victoire plutôt que sur trois, quatre ou cinq défaites ? C'est forcément un sujet qui le préoccupe. Il y a une interrogation sur son avenir et il en est forcément le plus habité. Mais à mon avis, il l'opacifie, il l'occulte, il la dégage. Comme chez tous ceux que la passion aveugle un peu… »

En avril 2017, le magazine *GQ USA* a demandé à Federer comment il saurait que le moment de raccrocher est venu. Voici ce qu'a répondu le futur-ex-joueur : « Admettons que j'ai un tournoi, alors je me demande : À quel point suis-je heureux de quitter la maison ? Serais-je content de rester ? Suis-je heureux de faire mes bagages, de sortir de chez moi, de mettre les valises dans la voiture, de regarder ma maison et de dire "allez, on y va !" ? Pour l'instant la réponse est toujours : "oui". Je fais encore, toujours, ce que me dicte mon envie, mon cœur. Le voilà le test. Un jour, un ami à moi a été jusqu'à l'aéroport et il a rebroussé chemin. C'est certainement ça la fin d'une carrière. »

Mais comme pour tout le reste, Roger espère garder le contrôle des évènements et du calendrier : « Mon vœu, c'est que ce soit moi qui décide, et pas mon genou par exemple » me confiait-il lors de notre rencontre pour la radio.

« Il ne veut rien lâcher. C'est une drogue aussi. Il a besoin de ça », semble lui répondre Dany Cohn-Bendit : « Il a vingt Grands chelems. Il a de quoi payer ses traites. Il pourrait rentrer à la maison et s'occuper d'autre chose. Mais je pense qu'il a déjà un peu réussi à maîtriser le temps. Et il veut démontrer qu'il peut le faire pendant quelques années encore. Son défi, ce n'est pas d'atteindre les vingt et un, vingt-deux ou vingt-trois grands chelems. C'est de dépasser les limites de l'âge. »

Pour « sa vie d'après », il se voit « papa à plein temps » ou « mari à plein temps ». On peut aussi l'imaginer commenter quelques matches à la télévision, à l'occasion. Voire devenir entraîneur. « Coach ? Alors ça c'est impossible ! » coupe Mansour Bahrami : « Coacher un de ses enfants s'il veut devenir pro peut-être, mais pour un gars comme ça devenir coach ça doit être chiant. En plus personne ne peut le payer, lui ! À moins qu'il ait un coup de cœur pour un joueur. Je pense qu'il sera certainement ambassadeur dans des causes différentes. Et il fera toujours un peu d'exhibitions. Éventuellement il peut prendre un rôle majeur dans le tennis, dans des structures comme l'ATP, ou la Fédération internationale de tennis... »

Pour Arnaud Boetsch, son investissement dans cette Laver Cup qu'il a créée de toutes pièces donne une indication importante sur la façon dont Roger Federer a envie d'écrire « l'après-tennis » : « Cela démontre son envie de continuer à marquer l'histoire de son sport, de ce tennis qu'il aime tant, avec ses valeurs à lui : à savoir le respect et la célébration des gloires du passé, l'attachement à l'histoire. Il s'agit pour lui d'une manière de s'inscrire dans cette histoire. C'est d'ailleurs là qu'il est particulièrement touchant : à la fois acteur numéro un, mais aussi toujours spectateur. » Il suffit de voir le regard empli d'admiration que Roger Federer pose sur Rod Laver à chaque fois que les deux hommes se croisent pour le comprendre.

De toute façon, avant de penser à la reconversion, il va devoir organiser son « pot de départ ». Trouver l'écrin de ses adieux, le moment venu. « J'imagine cela parfaitement programmé, comme tout ce que fait le Suisse », prophétise Patrick Mouratoglou : « Sa fin de carrière sera planifiée à l'avance, elle arrivera au bon moment et elle sera triomphale. » Metteur en scène imaginaire de cette séquence, Fabrice Santoro a sa petite idée : « Moi je rêve qu'il joue son dernier match à Bâle. J'ai envie que le monde entier y soit. Quitte à construire un terrain de quatre-vingt mille places en extérieur. » Une sortie qui aurait du sens pour un garçon qui a toujours fait montre d'un attachement profond à ses racines. « Si cela se passe comme ça, j'irai, bien sûr. Mais je me mettrai sous Prozac quinze jours avant et quinze jours après », plaisante, à moitié, Alexandre Bompard. Qui, outre son moral, s'inquiète aussi pour le tennis : « Ce sport devra gérer "l'après-Federer". Quand il y aura Cilic contre Nishikori en finale d'un Grand Chelem, je pense que l'on sera un peu moins nombreux à s'envoyer des SMS à six heures du matin pour se demander si on est bien réveillés, si on n'est pas trop tendu. »

Philosophe, la joueuse Timéa Bacsinszky refuse de spéculer sur la manière dont il écrira ce mot « fin », tellement redouté : « La bonne manière, ce sera sa manière. Celle qu'il aura choisie. Il nous a déjà donné tellement de choses… » Mais avant cela, la Suissesse, déjà médaillée olympique en double aux côtés de Martina Hingis lors des Jeux Olympiques de Rio, en 2016, n'aurait rien contre le fait de disputer avec lui le double mixte de la prochaine olympiade, à Tokyo, en 2020. « Ce n'est que dans deux ans. Ça aurait de l'allure… » Une belle perspective, en effet.

Roland sans Roger...

« J'ai décidé de ne pas disputer la saison sur terre. »

Voilà comment, en une petite phrase, lâchée fin mars 2018 lors d'une triste conférence de presse d'après match, Roger nous prive de notre joli mois de mai, saupoudré de terre battue, de glissades et de rêves tennistiques parisiens. Bien entendu, je veux bien faire semblant de ne voir dans l'annonce de cette décision que la conséquence d'une élimination improbable, au deuxième tour du tournoi de Miami, quelques instants auparavant. Accroché puis défait par Thanassi Kokkinakis, jeune Australien certes doué mais occupant alors une cent-soixante-quinzième place mondiale qui aurait dû, en principe, le condamner à regarder les balles fuser.

Jusqu'à ce samedi 24 mars, je n'avais rien contre ce Kokkinakis. Je trouvais même la sonorité grecque de son patronyme plutôt joyeuse. Sur le terrain, l'affaire paraissait quasi emballée à l'issue du premier set, remporté 6/3 par le Suisse. Le genre de match que l'on regarde d'un œil, persuadé d'en connaître l'issue. La perte de la deuxième manche, sur le même score, n'allait être qu'une péripétie. Sauf que la troisième s'est envolée elle aussi, pour quelques points perdus au *tie-break*. Une balle « dedans » au lieu d'être « dehors », un service tombé « ici » au lieu d'être « là » et l'histoire aurait été différente. Alors j'aurais pu continuer à rêver. Le scénario déroulait comme une évidence : « Il était une fois Roger bondissant à Monte Carlo. Roger faisant des miracles sur la terre ocre de Rome. Et puis forcément, « Roger-Garros ». Pour un nouveau sacre en terre reprise à l'Espagnol… »

Sauf que, pour être honnête, Kokkinakis ou pas, je n'ai jamais cru à cette histoire-là. Parce qu'elle ne résiste pas à l'examen clinique des faits : « Roger est un jeune homme mais un sportif âgé. Roger est fatigué. Roger s'économise. Roger rationalise. Roger n'a plus joué à Roland-Garros depuis 2015. Roger veut gagner Wimbledon. Roger ne viendra pas à Paris. C.Q.F.D. » C'est du bon sens.

« Il est probablement le favori numéro deux à Roland-Garros. Mais Rafa est tellement dominateur sur cette surface qu'il pense n'avoir presque aucune chance de l'emporter. Sans compter qu'il risque, sur une surface très exigeante sur le plan physique, d'y laisser trop de forces », résume, implacable, Patrick Mouratoglou. Pas de quoi en faire un chapitre. À un détail près. Cette officialisation d'absence m'attriste anormalement. Pire, elle me rend nostalgique. Car en dépit du déni partagé par ses fans, elle commence à raconter « la finitude » du champion. Première brèche, petit avant-goût de cet « après » tant redouté. Roger Federer ne serait pas éternel. C'est sans doute aussi la raison pour laquelle je ressens désormais chacune de ses défaites un peu plus douloureusement. C'est excessif. Absolument déraisonnable. Mais c'est ainsi. Sur le moment, je suis comme un enfant, déçu, qui ne parvient pas à relativiser. Pourtant, prendre Roger Federer pour une machine, implacable, mécanique, inarrêtable, serait faire injure à son talent. Ses faiblesses mettent en valeur ses forces. Ses défaites donnent du goût à ses victoires. Pour lui comme pour les autres, rien n'est jamais acquis. Un jour, nous devrons nous déshabituer au confort de ses triomphes répétés. En attendant, il faut accepter de le voir tel qu'il est. C'est-à-dire comme nous tous… en un peu plus doué !

Federer a visiblement pris sa retraite sur terre battue depuis plusieurs années. Il convient juste d'avoir la sagesse de ne pas regarder le verre à moitié vide mais les coupes entièrement pleines. Et d'accepter de se dire que « les absents n'ont pas toujours tort. » Cette phrase, je vais aller la copier cent fois pour tenter de m'en persuader…

Encore un peu

On pourrait continuer pendant des pages et des livres à parler de Roger. Il nous est devenu si familier, au fil des ans, qu'il nous semble parfaitement naturel de l'appeler simplement par son prénom. À chacun de ses matches, nous sommes des millions (et sans doute un peu plus) à l'accompagner, presque physiquement. Qu'il mène et nous voilà légers, emplis d'adrénaline. Qu'il soit en difficulté et l'on a alors la sensation d'être en descente dans la plus périlleuse des montagnes russes. Qu'il perde, en nous exposant sa tête de petit garçon triste, et c'est la garantie de passer une très mauvaise soirée. « Pourquoi j'adore Roger ? Je ne sais pas. Je l'aime c'est tout. Il y a quelque chose à propos de Roger qui me touche au cœur. Je ne sais pas ce que c'est, je ne saurais le dire exactement, mais ça me prend aux tripes ! » déclarait Chris Evert il y a quelques années, en 2013, sur la chaîne de sport américaine ESPN.

Me voici donc arrivé en cet instant proche du point final. Je m'aperçois qu'il manque encore un mot à cet ouvrage. Il est pour toi, Roger. En mon nom, bien sûr. Mais je me fais également le porte-parole, l'ambassadeur, de tous ceux qui auront été rattrapés ces dernières années, pour leur plus grand plaisir, par la « Federermania ».

Au nom de tous ceux qui, en tribunes, n'écrivent plus le mot « peRFection » qu'avec tes initiales en majuscule.

Au nom de tous ceux avec qui tu as bien voulu partager toutes ces émotions, depuis tant d'années.

Cher Roger, à toi à qui je demandais, lors de notre rencontre pour Europe 1, ce que tu te trouvais et qui m'a répondu avec une simplicité désarmante : « Moi ? je me trouve sympa et rigolo. Mais à la fin je suis juste un joueur de tennis, ça reste quand même assez simple », je veux tout aussi simplement dire : « Merci. »

Annexe I
Les faits, Rien que les Faits. (Et ils sont têtus...)

De la même manière qu'il n'existe pas d'amour mais seulement des preuves d'amour, il ne suffit pas de dire que Roger Federer est le plus grand, il faut aussi le prouver. En principe, ce petit récapitulatif (Merci *L'Equipe!*) de ses victoires devrait finir de vous en persuader…

Palmarès de Roger FEDERER

Titre(s)

97 dont 27 en Masters Series

Titre(s) du Grand Chelem

20 : Open d'Australie (2004, 2006, 2007, 2010, 2017, 2018), Roland-Garros (2009), US Open (2004, 2005, 2006, 2007, 2008), Wimbledon (2003, 2004, 2005, 2006, 2007, 2009, 2012, 2017)

Coupe Davis

Vainqueur (2014)

Meilleur Classement

1er (2 février 2004)

Saison 2018

2 Titre(s)

Open d'Australie
Rotterdam

1 Finale

Indian Wells

Victoire(s) / Défaite(s)

17 v. 2 d.

Saison 2017

7 Titre(s)

Open d'Australie
Indian Wells
Miami
Halle
Wimbledon
Shanghaï
Bâle

1 Finale

Open du Canada

Victoire(s) / Défaite(s)

52 v. 5 d.

Saison 2016

1 Finale
Brisbane

Victoire(s) / Défaite(s)
21 v. 7 d.

Saison 2015

6 Titre(s)
Brisbane
Dubaï
Istanbul
Halle
Cincinnati
Bâle

5 Finale(s)
Indian Wells
Rome
Wimbledon
US Open
Masters (Londres)

Victoire(s) / Défaite(s)
63 v. (2 en Coupe D.) 11 d.

Saison 2014

5 Titre(s)

Dubaï
Halle
Cincinnati
Shanghai
Bâle

6 Finale(s)

Brisbane
Indian Wells
Monte Carlo
Wimbledon
Open du Canada
Masters (Londres)

Victoire(s) / Défaite(s)

73 v. (6 en Coupe D.) 12 d. (1 en Coupe D.)

Saison 2013

1 Titre

Halle

2 Finale(s)

Rome
Bâle

Victoire(s) / Défaite(s)

45 v. 17 d.

Saison 2012

6 Titre(s)

Rotterdam
Dubaï
Indian Wells
Madrid
Wimbledon
Cincinnati

4 Finale(s)

Halle
Jeux Olympiques
Bâle
Masters (Londres)

Victoire(s) / Défaite(s)

71 v. (2 en Coupe D.) 12 d. (1 en Coupe D.)

Saison 2011

4 Titre(s)

Doha
Bâle
Open de Paris
Masters (Londres)

2 Finale(s)

Dubaï
Roland-Garros

Victoire(s) / Défaite(s)
64 v. (3 en Coupe D.) 12 d.

Saison 2010

5 Titre(s)
Open d'Australie
Cincinnati
Stockholm
Bâle
Masters (Londres)

4 Finale(s)
Madrid
Halle
Toronto
Shanghaï

Victoire(s) / Défaite(s)
65 v. 13 d.

Saison 2009

4 Titre(s)
Madrid
Roland-Garros
Wimbledon
Cincinnati

3 Finale(s)

Open d'Australie
US Open
Bâle

Victoire(s) / Défaite(s)

61 v. (2 en Coupe D.) 12 d.

Saison 2008

4 Titre(s)

Estoril
Halle
US Open
Bâle

4 Finale(s)

Monte-Carlo
Hambourg
Roland-Garros
Wimbledon

Victoire(s) / Défaite(s)

66 v. (1 en Coupe D.) 15 d.

Saison 2007

8 Titre(s)

Open d'Australie
Dubaï
Hambourg
Wimbledon
Cincinnati
US Open
Bâle
Masters (Shanghai)

4 Finale(s)

Monte-Carlo
Roland-Garros
Montréal
Madrid

Victoire(s) / Défaite(s)

68 v. (2 en Coupe D.) 9 d.

Saison 2006

12 Titre(s)

Doha
Open d'Australie
Indian Wells
Miami
Halle
Wimbledon

Toronto
US Open
Tokyo
Madrid
Bale
Masters (Shanghai)

4 Finale(s)

Dubaï
Monte-Carlo
Rome
Roland-Garros

Victoire(s) / Défaite(s)

92 v. (2 en Coupe D.) 5 d.

Saison 2005

11 Titre(s)

Doha
Rotterdam
Dubaï
Indian Wells
Miami
Hambourg
Halle
Wimbledon
Cincinnati
US Open
Bangkok

1 Finale

Masters (Shanghai)

Victoire(s) / Défaite(s)

81 v. (1 en Coupe D.) 4 d.

Saison 2004

11 Titre(s)

Open d'Australie
Dubaï
Indian Wells
Hambourg
Halle
Wimbledon
Gstaad
Toronto
US Open
Bangkok
Masters (Houston)

Victoire(s) / Défaite(s)

74 v. (4 en Coupe D.) 6 d.

Saison 2003

7 Titre(s)

Marseille
Dubaï
Munich
Halle
Wimbledon
Vienne
Masters (Houston)

2 Finale(s)

Rome
Gstaad

Victoire(s) / Défaite(s)

78 v. (5 en Coupe D.) 17 d. (1 en Coupe D.)

Saison 2002

3 Titre(s)

Sydney
Hambourg
Vienne

2 Finale(s)

Milan
Miami

Victoire(s) / Défaite(s)

56 v. (2 en Coupe D.) 22 d.

Saison 2001

1 Titre

Milan

2 Finale(s)

Rotterdam
Bâle

Victoire(s) / Défaite(s)

49 v. (3 en Coupe D.) 21 d. (1 en Coupe D.)

Saison 2000

2 Finale(s)

Marseille
Bâle

Victoire(s) / Défaite(s)

36 v. (2 en Coupe D.) 30 d. (1 en Coupe D.)

Saison 1999

Victoire(s) / Défaite(s)

13 v. (1 en Coupe D.) 15 d. (3 en Coupe D.)

Saison 1998

Victoire(s) / Défaite(s)

13 v. (1 en Coupe D.) 15 d. (3 en Coupe D.)

Saison 1997

Victoire(s) / Défaite(s)

2 v. 3 d.

Annexe II
LES PIÈCES DU PUZZLE

Cette *Aventure nommée Federer* a pu exister grâce à une galerie de personnages, « federistes » ou « federologues », qui sont autant de pièces du puzzle. Chacune, chacun, a accepté de raconter « son » Roger. De la même manière que l'on ne déguste pas une bonne boîte de chocolats (fussent-ils suisses) sans savoir ce que l'on mange, voici donc, par ordre alphabétique, une petite présentation de tous ceux qui ont apporté leur contribution à ce modeste édifice. Qu'ils en soient remerciés !

Arnault, Bernard : Président-directeur général du groupe de luxe LVMH. Passionné d'art. Et collectionneur, au sens large : « Roger m'a offert une de ses raquettes de Wimbledon. Je la conserve précieusement dans son emballage plastique. »

Bacsinszky, Timéa : Joueuse de tennis professionnelle suisse. Double demi-finaliste à Roland-Garros. Souriante et attachante. « Federer ? C'est lui qui m'a fait le plus pleurer tennistiquement ! C'est sans doute le joueur qui gère le mieux ses émotions durant le match. Mais à l'intérieur, il y en a tout plein. Et après, il laisse sortir sa joie, il se lâche… »

Bahrami, Mansour : Ancien joueur professionnel à moustache et *showman*. Fondateur du « Trophée des Légendes », réunissant chaque année les anciennes gloires du tennis pendant le tournoi de Roland-Garros. « Quand Roger joue, on a l'impression qu'il ne fait pas d'effort. La plupart des joueurs sont défigurés dès qu'ils frappent un coup droit. Lui est aérien… »

Barthès, Pierre : « Ancien champion de tennis », comme le présentait la publicité pour le thé Lipton dans les années 1980. Vainqueur (entre autres) de l'US Open en double en 1970. « La première fois que je l'ai rencontré, c'était juste avant un de ses matches. Il était en pleine partie de rigolade avec des copains à lui. J'ai été subjugué par sa décontraction. »

Boetsch, Arnaud : ancien numéro 1 français, double vainqueur de la Coupe Davis (1991 et 1996). Devenu franco-suisse par amour (son épouse est helvète), il est aujourd'hui le directeur « communication et image » de Rolex, sponsor accroché au poignet de son ami Roger. « Je suis toujours très impressionné par la connaissance qu'il a de sa valeur. Et en même temps une très grande humanité quotidienne, sans effort. »

Bompard, Alexandre : c'est le grand patron du groupe Carrefour. Il aménage son agenda en douce pour ne pas rater les matches de Roger. « Je ne crois pas du tout en l'idée du gentil garçon suisse. C'est beaucoup plus complexe que cela. Il y a cette volonté que son personnage soit conforme à la légende. »

Brunet, Régis : ancien agent de sportifs en général et de Roger en particulier, à ses débuts. Il travaillait alors chez IMG McCormack. « Je l'ai vu pour la première fois en 1994. Et je me souviens qu'au bout de deux minutes, je me suis rué sur une cabine téléphonique pour essayer de joindre ses parents. »

Bonan, Gilles : patron de Roche-Bobois. Sensible aux meubles et au beau jeu. Chez lui, comme chez Roger, le business n'est jamais très loin : « Pour une marque, marier son image à celle de Roger Federer, c'est la garantie de susciter un mouvement de sympathie voire d'apparaître sous un nouveau jour. »

Bouchelaghem, César : grand espoir du tennis français, né en 2004. Il brille autant par sa précocité sur les courts (à 13 ans il est classé 2/6) qu'en dehors (il est élève en terminale scientifique). « Roger a poussé les autres grands joueurs à se surpasser. Quand il aura pris sa retraite, les autres pourront briller. »

Cohn-Bendit, Daniel : 1968 – 2018. Toujours fou de sport. Toujours prêt à jeter un pavé dans la mare : « C'est une drogue pour lui. Je me demande pourquoi il n'arrête pas ? Il a de quoi payer ses traites. Il peut rentrer à la maison et s'occuper d'autre chose. J'ai l'impression qu'il a envie de démontrer qu'il peut maîtriser le temps, les années. Son nouveau défi c'est de dépasser les limites de l'âge. »

Christinet, Vanessa et Cornélia : la famille d'accueil de ses années ado. Roger a vécu chez les Christinet quand il a quitté ses parents pour rejoindre le centre national d'entraînement / Swiss Tennis à Écublens. « J'ai forcément de l'affection pour ce p'tit gars que j'ai connu jeune, quand il avait 13 ans. Quand je vois ce qu'il est devenu… »

Clément, Arnaud : ancien joueur pro, ancien capitaine de l'équipe de France de Coupe Davis, battue par la Suisse en 2014. Signe particulier : a sorti deux fois Roger Federer de l'Open d'Australie. « Ce mec joue tout le temps ! J'aimerais bien le défier au paddle. Je suis sûr qu'il y aurait moyen de le taper les deux premières fois, comme il n'y a jamais joué. Mais au-delà tu sais qu'il va t'éclater. »

Dorochenko, Paul : un des premiers préparateurs physiques du champion : « Alors que j'entraînais Sergi Bruguera, on m'a appelé pour me dire "il y a un gamin qui s'appelle Federer, qui a 17 ans et qui ne joue pas mal. Il faudrait que tu viennes t'installer en Suisse pour le suivre." Alors j'ai quitté Biarritz, je suis parti à Bienne pendant trois ans et demi. »

Enthoven, Raphael : philosophe et grand sportif (ou l'inverse). Et un peu poète aussi : « Ses balles sont des comètes, ses mouvements sont des ellipses… »

Fourcade, Martin : Chasseur de records, skis de fond aux pieds et carabine en bandoulière. Le biathlète a déjà remporté cinq médailles d'or olympiques (du jamais vu pour un Français en hiver). Mais aussi sept « globes de cristal » consécutifs (du jamais vu tout court…) : « Ce qui fait de Federer un immense champion, ce sont avant tout ses capacités mentales. Il est pour moi une belle inspiration. »

Freyss, Christophe : ancien joueur français. Il a dû « gérer » le jeune Federer au centre d'entraînement d'Écublens. Et cela n'a pas toujours été facile... « Il était à la fois très sympa, très marrant. Mais aussi colérique, très insatisfait et incapable de se concentrer plus de cinq minutes. »

Gachassin, Jean : Président de la Fédération Française de Tennis de 2009 à 2017. Cet ancien rugbyman a porté trente-deux fois le maillot de l'équipe de France de Rugby. Roger Couderc le surnommait « Peter Pan » : « Il est toujours respectueux avec tout le monde, les chauffeurs, les hôtesses. Dans la vie, on est toujours embêté par les minus. Les grands, eux, se mettent à votre disposition, à votre niveau. »

Hlasek, Jakob : ancien joueur professionnel. Il a notamment remporté Roland-Garros en double avec Marc Rosset. Il a aussi été capitaine des équipes suisses de Coupe Davis et de Fed Cup au début des années 2000. Et ça ne s'est pas très bien passé avec Roger : « Je lui ai botté le cul et personne ne le faisait autour de lui. C'était mon rôle. C'était mon poste. »

Huster, Francis : Acteur passionné. Passionné de sport en général, de foot et de tennis en particulier : « Un sportif est quelqu'un qui n'est en mouvement que pour la gagne. Federer, lui, est en mouvement pour le style. Chacun de ses matches est une signature. »

Kak : Dessinateur et croqueur d'actualité tous les jours en une de *L'Opinion*. Il se sert de son crayon comme d'autres se servent de leur raquette. C'est dire…

Labazuy, Patrick : Cet entraîneur national de la Fédération Française de Tennis a longtemps été responsable du « Pôle France Tennis » de Poitiers. Il a côtoyé Roger en fin d'adolescence : « Il a eu une période ingrate. Il était complexé, un peu timide. Il n'avait pas beaucoup de fiancées. Il ne gagnait pas toujours. Mais on percevait déjà son talent et déjà il avait une main exceptionnelle. »

Labro, Philippe : écrivain, journaliste, réalisateur, auteur de chansons… « Nul homme n'est monolithique. Craquer comme il craque après certaines grandes victoires, craquer alors qu'il a tout vécu, tout vu, tout entendu, qu'est-ce que c'est si ce n'est pas l'enfance… »

Lapix, Anne-Sophie : présentatrice du Journal de 20 heures sur France 2. Grande amatrice – et ancienne pratiquante de danse classique – : « Au-delà de ses qualités, ce garçon est un ballet pour moi. Cette légèreté et le sentiment de la souffrance sans que cela se voie… »

Mauresmo, Amélie : ancienne numéro un mondial. Son nom figure au palmarès de l'Open d'Australie et de Wimbledon. *Coach* de caractère et de convictions, elle a aussi aidé Andy Murray à devenir un (très) grand joueur. « Son enthousiasme de junior m'impressionne.

Moi j'ai arrêté quand j'ai senti que mon corps ne pouvait plus, que ma tête n'avait plus envie. »

Mouratoglou, Patrick : entraîneur de tennis français et formateur de champions – et de championnes – à la Mouratoglou Tennis Academy. Il *coache* l'Américaine Serena Williams : quadruple championne olympique, elle a gagné plus de titres en Grand Chelem que Roger Federer ! : « Je n'ai jamais vu un joueur de tennis pratiquer notre sport aussi bien, et je sais que jamais je ne verrai ça chez quelqu'un d'autre. »

Nastase, Ilie : ancien joueur romain, il a été, en 1973, le premier numéro 1 mondial du classement ATP. Plus connu du grand public pour ses *shows* et ses frasques sur les courts. Il a aussi donné son nom à une des chaussures de tennis les plus connues au monde ! : « Il est très bien entouré. Moi j'avais besoin d'avoir de très jolies filles dans la tribune. Plus il y en avait, mieux je jouais ! »

Oldani, Davide : chef étoilé du restaurant « D'O », à Milan. Il joue les profs de cuisine d'un jour pour Roger pour les besoins d'une publicité pour les pâtes Barilla. « Si je pourrais l'engager comme commis ? Hum... Disons qu'il s'est bien débrouillé sur le tournage... pour quelqu'un qui ne cuisine jamais ! »

Pitkowski, Sarah : ancienne joueuse professionnelle, elle dirige aujourd'hui l'agence de relations presse « 15Love » et dit (toujours) ce qu'elle pense sur RMC : « Roger est à l'origine de tous les aspects du personnage sportif et médiatique qu'il s'est construit. Nadal est un vrai gentil quand Roger « enfile » le costume du gentil. Mais ça ne m'empêche pas de préférer Roger… »

Rochebin, Darius : présentateur vedette depuis vingt ans du journal de la RTS (Radio Télévision Suisse) : « C'est un Suisse parfait. Il aime bien la nature, il est dans la modération. En Suisse c'est très important de ne pas trop sortir du lot, de garder une forme de modestie… »

Rosset, Marc : ce joueur suisse détient un des rares titres qui échappe encore à son grand ami Federer : celui de champion olympique (il a remporté la médaille d'or aux Jeux de Barcelone, en 1992) ! Ce qu'il aime aussi chez Federer, c'est sa femme ! : « Mirka c'est 50 % de sa réussite. Il n'aurait pas fait la moitié de ce qu'il a fait sans elle. »

Santoro, Fabrice : ancien joueur de tennis. Il a passé plus de vingt ans sur le circuit. Signe particulier : sa prise de raquette à deux mains tant pour les coups droits que pour les revers. Ancien numéro un mondial de double. À la fois sympa et pas langue de bois : « Roger est un affectif. Il a besoin d'être aimé par tout le monde. C'est pour ça aussi qu'il a un besoin démesuré de tout contrôler. »

Schmidli, Reto : policier municipal dans le canton de Basel Countryside. Il est aussi le seul joueur au monde à avoir mis 6/0 6/0 à Federer ! « J'ai connu le secret pour le battre… mais je crois que je l'ai perdu ! »

Remerciements

Un merci tout particulier à Louise Ekland et Arnaud Le Guern pour l'impulsion.

À Nikos Papadopoulos-Aliagas pour le déclic. À Stéphanie Tortorici pour ses lumières tennistiques. À « Serge » Victoire de Rincquesen, à la toujours précise France Kamm, à Monsieur Kmidt et à mon Kouzine D. Cot pour leurs regards critiques mais bienveillants.

Au concerto en ré majeur de Tchaikovski, interprété par Sarah Nemtanu, que j'ai écouté en boucle en écrivant ce livre.

Encore plus chers à mon cœur qu'une victoire de Roger (c'est dire), il y a « le quartier connu », son président Ours Polaire, son maire, Vincennes, son Loulou, son Minilou. Et Celle sans qui rien de tout cela n'aurait été possible.

Table des matières

Achevé d'imprimer par Laballery,
en avril 2018
N° d'impression : 804255

Dépôt légal : mai 2018

Imprimé en France